再忙也要做个好爸爸

张岩 / 著

天津出版传媒集团
天津科学技术出版社

图书在版编目（CIP）数据

再忙也要做个好爸爸 / 张岩著 . -- 天津：天津科学技术出版社 , 2021.7（2021.10 重印）
ISBN 978-7-5576-9049-6

Ⅰ . ①再… Ⅱ . ①张… Ⅲ . ①家庭教育 Ⅳ . ① G78
中国版本图书馆 CIP 数据核字（2021）第 068556 号

再忙也要做个好爸爸
ZAIMANG YEYAO ZUOGE HAOBABA
策划编辑：杨　譞
责任编辑：张　萍
责任印制：兰　毅
出　　版：天津出版传媒集团
　　　　　天津科学技术出版社
地　　址：天津市西康路 35 号
邮　　编：300051
电　　话：（022）23332490
网　　址：www.tjkjcbs.com.cn
发　　行：新华书店经销
印　　刷：三河市吉祥印务有限公司

开本 880×1 230　1/32　印张 8　字数 160 000
2021 年 10 月第 1 版第 2 次印刷
定价：38.00 元

前言

PREFACE

在孩子的成长中,大多数家庭,孩子的教育都由妈妈"大权独揽",而父亲大多充当"甩手掌柜的"。这种父爱缺席的教育模式给孩子未来的身心成长埋下了巨大的隐患。母性教育是一种"叶根"的教育,目标是达到生命的滋润、丰满;而父性教育就是一种"主干"的教育,目标是建立人生的"主心骨",实现生命向空中的充分伸展。古人云:"子不教,父之过。"教育子女,父亲的作用不可低估,父亲的角色不可替代。

父亲既是孩子游戏的重要伙伴,更是孩子形成积极个性品质的重要源泉。现代社会,良好的女性特征得到社会的推崇,即会关心人、体贴人,有良好的同情心、善意;而良好的男性特征,即独立、自主、坚强、果断、自信、与人合作、有进取心等也是社会对人的要求。父亲对孩子良好个性品质的形成具有极大的促进作用,是孩子良好个性品质的重要源泉。

做父亲是男人最重要的事业，也是男人最有价值的投资。父亲是儿子通往世界的桥梁和榜样，是女孩儿成功的动力和婚姻关系的模板。要教出好孩子，必须要学会做好父亲，首先要提高自身的素质，孩子是站在父亲的肩膀上的，父亲能走多远，孩子就能走多远。其次是掌握科学的教育方法和有效的技巧。早在70多年前，鲁迅先生就提出"我们怎样做父亲"的问题，直到今天，这个现实而尖锐的问题，仍然困扰着许多人。本书为正在苦恼的父亲解读了各种教子难题，比如：对待男孩应该使用什么样的教育方式？对待女孩应该使用什么样的教育方式？对于孩子来说，最重要的品质是什么？什么才应该是孩子的最终极目标？当孩子胆小的时候，父亲应该怎么做？当孩子犯错误的时候，父亲应该怎么样做？当父子或父女之间出现隔阂、矛盾的时候，父亲应该怎么做？当孩子遭遇早恋，父亲如何引导和解决？什么是科学教养？如何与子女成为好朋友？如何培养孩子的情商、智商、财商？如何与孩子正确沟通……书中都一一解答。

阅读本书可以帮助父亲了解最基本的教育学、心理学知识，掌握各种科学的教育方法、技巧，根据孩子的兴趣爱好，制订出合理的培养计划，培养一个优秀的孩子。

目录

CONTENTS

第一章 有爱才是"山",再忙也要做个好爸爸

2　爱,要好好表达:不吼不叫的父教真理
6　"严父"已过时,有爱才更"男人"
11　父爱是不可替代的优质成长因素
14　孩子的成长,好爸爸不缺席
17　进门之前,把坏脾气丢在家门外
21　家,不是讲理的地方
24　爱是不粗暴,做个"慈祥的父亲"
27　放下陈旧落后的教育经验,走向理解的爱
31　用心做父亲,给孩子正确的爱
36　父教缺失,孩子成长亮红灯

第二章　好好做父亲：男人最有价值的投资

40　别做孩子眼中的"透明人"

44　忙里抽闲，和孩子的互动不能少

47　请挤出时间，与孩子在一起

53　寓教于乐，父教可以很快乐

57　巧心安排陪宝贝，制订一个"家庭交流时段"

60　亲子时刻别偷懒，会玩也是孩子的能力

66　你知道孩子常说"我不要"的原因吗

第三章　父亲的高度，决定孩子的起点

72　父亲的格局，决定孩子的未来

75　身教胜言传，父亲是孩子的自制力之源

78　让孩子快速成长的秘诀：和爸爸在一起

81　孩子爱模仿，你的身体语言比口头语言更重要

84　言行一致，在孩子面前做个诚恳的人

88　心态决定状态

93　家是最好的学校，好爸爸胜过好老师

96　父亲都对了，又能怎样？

99　日省吾身，别让孩子复制你的坏习惯

第四章 忙里偷"懒",给孩子自由发挥的空间

106 "懒"父亲教男孩独立自强

110 顺其自然是最好的育儿真经

113 世界很大,让孩子大胆去欣赏

116 别把孩子的志向圈起来

120 爱孩子,让孩子成为他自己

123 从爱走向独立

128 自由,就是做自己的主人

132 尊重孩子,给孩子多一点自由

135 天高任"子"飞,不设过高希望

第五章 亦父亦友,忙爸爸和孩子沟通零距离

140 做孩子的知心大哥哥

144 放低姿态,和孩子平等相处

148 亦父亦友,忙爸爸和孩子沟通零距离

154 用心沟通,分享孩子的各种情绪

158 同乐同忧,朋友的真谛是分享

162 换位思考,孩子的世界其实并不懂

165 学会倾听,给孩子真实表达的机会

第六章 种植智慧,好爸爸是孩子的好老师

170 学习:在错误的道路上狂奔,白费劲
172 财商教育,给予孩子驾驭金钱的能力
178 保持孩子思维的活跃度
183 注意培养孩子的创造力
189 建立学习动机,提升孩子的学习能力
192 珍视时间:做一个与时间赛跑的人
196 让孩子在玩乐中学会统筹
199 呵护好奇心,鼓励孩子探索新事物
202 孩子的世界不应该有标准答案

第七章 正面教育,"硬汉"爸爸教出心灵强健的孩子

208 挫折教育,让孩子学会面对困境
212 快乐,孩子最想要的礼物
216 让孩子学会为自己的行为买单
220 学习不是赢过他人,而是超越自己
223 学会反思,即使我已"满分"
228 真正的男子汉从来不找借口
232 帮孩子扔掉自卑的"包袱"
238 帮助孩子克服坏习惯
241 大目标,从小事情做起

第一章

DIYIZHANG

有爱才是"山",再忙也要做个好爸爸

爱，要好好表达：不吼不叫的父教真理

作为父亲，你经常会为管教孩子而束手无策吗？你经常会为管教孩子而大吼大叫吗？当你以粗暴的方式来教育孩子时，孩子又是什么反应呢？左耳朵进右耳朵出还是置之不理，或者是保持一种沉默的态度。

在父亲和孩子都出现以上情况时，那亲情就出现危机了。作为家长应该指引孩子，而不是在孩子站在岔路口或迷茫时，予以语言打击和使用粗暴行为。

有这样的一个故事：

在2010年6月11日，发生了一件令人揪心的事情，为许多父母敲响了教育孩子的警钟。这天，刘先生拿到了儿子的期末成绩，脾气一下子就上来了，对儿子拳打脚踢。

没过多久，恨铁不成钢的刘先生再次对儿子实施了暴力，不仅用皮带抽打，还用凳子腿打，儿子的呼喊才让他停止。那天夜里，儿子就喊着说自己肚子疼，刘先生看到儿子面色苍白，赶紧将儿子送往医院。在一番检查和抢救后，儿子还是丢掉了宝贵的生命。

由于儿子身上有很多瘀斑，属于非正常死亡。于是，医护人员当即选择了报警。被警察带走的刘先生痛不欲生，没想到自己的愤怒却换走了儿子的性命。

看到这个故事，我们不由得伤心落泪。人们都说父爱如山，父爱是默默无闻的，父爱是对孩子影响最大的那个人。虽然父亲都想要孩子变成一个了不起的人，不同于普通人的人，但心急吃不了热豆腐。不经过时间的打磨，再好的玉也会沉埋在土地下。

为了避免不幸再次发生，请参考以下几点，即使这几点并不能让一个学习差的、调皮捣蛋的孩子立即变好，但可以让大吼大叫的父亲变得不吼不叫，懂得更多的教育真谛，并运用爱心和耐心，激发出孩子的优秀品质和兴趣。

父亲要说到做到

说到做到是指言行要一致，说过的话一定要用行为表现出来，从而使人信任。如果说到却做不到的话，那孩子就会效仿这种行为，成为一个投机主义者。当犯了错误时，父亲会选择逃避或其他行为来解决，那孩子在以后的错误中也会这样。

那么如何才能做到说到做到呢？

当孩子犯了错误时，不要说"不能有下一次"，这样只会让孩子再一次犯同样的错误……因此，父母们要用恰当的方式去惩罚他，而不是让他存在一丝的侥幸心理。在孩子懂事之后，要给孩子讲一些什么是该做的，什么是不该做的。当然了，有很多父母都控制不住自己，一旦孩子犯了错误或者苦恼，脾气就像火一样燃烧了起来。

在此时,父亲一定要记住:说话之前请三思。而父亲所使用的语气和措辞不同,效果也会有很大差别。比如:"你不能这样做!"和"我很爱你,孩子!但是你的行为我不喜欢,也不能接受!"

瞧,想要表达的意思一样,但换种口吻说,后者更容易被孩子所接受,而前者却多了些生硬和命令的口气。虽然父母是比较高的位置,但别忘记了,孩子可不甘心俯首称臣。所以说,父亲要提前把生活中的"准则"告诉孩子,从头到尾贯彻到底,说到做到,这样才能在孩子的面前树立起威信和威严。

与其大吼大叫,不如时常赞赏孩子

在教育子女的过程中,不仅要给予孩子正确的引导,还要时不时地赞赏孩子。如果只顾着大吼大叫,那孩子也会自创一套方法对付你。

在生活中,有很多孩子会在不理他的时候,大声哭闹;在别人说笑忽略他的时候,突然摔碎了东西;抢了小朋友玩具的时候,高兴地向父亲炫耀自己的胜利品……

或许,你可以这样想:孩子只是想引起你的注意。因此,当孩子把一件事做得很好时,父亲可以多给孩子一些鼓励和赞许。比如:在孩子有礼貌地称长辈为"您"时,不必大惊小怪,夸大其词地夸奖,只要简单地说句:"你很有礼貌";在孩子穿上自己洗干净的衣服时,你可以赞扬他:"你真棒!你的衣服看起来整洁极了!相信会有很多小朋友愿意和你玩……"这样的话,孩子就会知道什么样的行为能获得赞许,什么样的行为能获得批评。

在这里,还需要提醒父亲的是:表扬就是表扬,不要在表扬里再添加一些不好的词汇。比如:当孩子把房间收拾得很干净的时候,父亲却说了一句——如果你的房间天天都这么干净的话,就好了;当孩子比上次的考试成绩高了10分时,父亲却说了一句——如果下次能考100分,那我就不操心了。像类似这样表扬的话,在孩子的眼里,却是一盆盆冷水。

要控制好自己的脾气

有多少父亲能够理直气壮地说:我在教育孩子的过程中,从来没有大吼大叫过,从来没有因为孩子的某些行为变得粗暴。

相信没有多少父亲能够站出来!由于父亲不如母亲的心思细腻,只知道自己所做的都是为了孩子好。打着"一切为孩子"的旗帜,却伤害了孩子那幼小的心灵。当孩子一旦习惯了父亲的这种教育方式后,就会把父亲那苦口婆心的话当作耳边风,甚至听不进去。

因此,父亲只有用冷静和理智的头脑,才能使孩子感觉到公平、尊重,从而愿意被教导和领导。当父亲想要对孩子发脾气的时候,试试数数字的方法——从1数到10,借以缓解自己的火暴脾气。或者是,先憋住火气,离开一会儿,不要和孩子正面交战,等恢复理智以后再冷静分析和指出错误,这样不仅会让孩子心服口服,也会让孩子提高自觉性。

奖惩得当

看情况实施惩罚或奖励给孩子提出一些要求,并向他解释缘由,从而让孩子养成一种良好习惯。比如,在经过冰激凌店时,父亲可以对孩子说:今天你表现很不错,我想请你吃冰激凌。可以吗?而当孩子欺负其他小朋友时,父亲可以惩罚孩子晚上不能看动画片。慢慢地,孩子就会知道,什么样的行为会得到奖励,父母会喜欢自己,而不好的行为就会得到惩罚,让父母生气。

培养孩子正确的价值观

我们都知道,一个有魅力的男士或女士都具备着一些优良品质,比如诚实、尊重他人、宽容、慷慨等。如果也想让孩子具备这些品质,那就要从小教育孩子学习这些品质。

现在的孩子被外界大量不好的信息所影响——互相攀比、说谎等,为了避免孩子在良莠不齐的社会中迷失了方向,父亲应该把这些品质排列好一个顺序,一一向孩子传递信息,让孩子在慢慢接受的过程中,逐渐演变成自己的价值观。

"严父"已过时,有爱才更"男人"

中国有句古话叫:棍棒底下出孝子。现如今,还有一些家庭延续这种做法。当孩子一旦犯错的时候,父母们便张嘴就骂、抬手就打,他们以为这样孩子就不敢再犯错,实际上,这会给孩子造成难以磨灭的阴影。

2002年，有一份杰克逊的遗嘱被曝光了，在遗嘱中，杰克逊将他价值约10亿美元的资产留给了母亲、3个孩子和慈善机构，而他的父亲却不在其中。为什么会这样？原因是他生活在一个问题家庭——在他年幼的时候，父亲对他实施暴力。

在一本关于杰克逊传记里，说杰克逊为了不让自己看起来像父亲，顶着舆论的压力和肉体的疼痛，一点点改变着自己。杰克逊对自己的父亲有多憎恨。或许是为了报复父亲，他立遗嘱的时候才不将父亲列入受益人内。这，就是他日后的反击。

杰克逊还在世的时候，也曾经说过：小时候经常被父亲打，所以现在心里留下了很深的阴影，即便是到了现在，他想起来都会害怕。

在生活中，我们也经常目睹：当父母内心有火气的时候，便朝着孩子发泄，而孩子就做了无辜的羔羊；当孩子做错事情的时候，父母那尖锐的、不雅的词语像雨点一样砸来；当父母以命令和暴力对付孩子的时候，有没有想过会对孩子产生哪些影响？

当我们看完以下故事，或许会明白些什么：

在1999年4月的一个凌晨，某市"110"指挥中心接到一个电话，有人报警称化肥厂附近有个出租车司机被人杀了。当4名接警人员赶到出事地点时，预先埋设好的炸药突然爆炸，三名警察当场身亡，一位警察被歹徒连捅22刀⋯⋯

很快，这个案子便轰动全国。当人们关注事情表面的时候，我们不由得深思：是什么让他们如此丧心病狂？

经过调查了解后，人们才知道：原来出租车司机被杀是假，几个罪犯是为了抢劫运钞车实施更大的犯罪，但由于没有武器，便设下了这个圈套。

在实施抢劫的团伙里，有名叫李杰的。据了解，他小时候非常优秀，又爱唱歌又喜欢弹琴，富有文艺细胞。可为什么他会变成这个样子呢？原来这和他的家庭教育有关。可以说，他在家挨打是家常便饭……

在他们还年幼的时候，父亲经常对他们实施暴力，对他们也很严厉。有一次，父亲在洗脚时和他说话，他回嘴了，生气的父亲立即将半盆洗脚水扣在他头上。

一年夏天，父亲劝告他不要去河里游泳，太危险了！可是他又不听。于是，父亲就找到了一个方法来治他——当他往河边去的时候，父亲就偷偷跟在后面，最后再突然出现，将他按在水里。在父亲眼里，粗暴的教育方式才能让孩子知道去河里游泳的危险性。

他的朋友们都非常害怕他父亲，每当他父亲快要回来了，就有人通风报信，把"你爸回来了"说成"狼"来了；过年的时候，他擀饺子皮，当时想着是把两张饺子皮摞起来擀，这样可能会更结实。可他的奇思妙想却换来了一顿痛打……

某年冬天的夜晚，父亲酒后回家，一进门就骂人，砸东西，掀翻桌子……吓得孩子们不敢吭气。为了保护几个孩子，母亲便拦着父亲，不让父亲靠近他们。可结果连母亲也被打了。为了保护母亲,他们三个孩子又和父亲打了起来,最后被赶出家门。从这件事以后,李杰就特别害怕漆黑的夜晚。

在 15 岁那年,父亲对母亲施以家暴,愤怒的李杰冲上去就对父亲大打出手。惊呆了的父亲怎么都没想到,儿子会对自己动手。于是,父亲怒道:老天爷,我自己的儿子竟敢打我?臭小子,你再打一下试试?他似乎不相信这是真的,好像要重新验证似的把脑袋伸到儿子的面前,叫儿子打。当李杰又打了一拳后,父亲才嚷着他不活了,用头撞墙,要喝毒药……

最终,在这样的教育之下,李杰带着自己的弟弟一步步走向了犯罪,而自己父亲也因为窝藏被判刑了。不过到最终,父亲还是不承认自己错误的教育方式。

故事中的父亲为我们做出了一个反面的例子,告诉我们"棍棒教育的隐患"。原本美满的一个家庭,却因为错误的教育方式终结了。谁说"棍棒出孝子"这句话是对的?这血淋淋的现实告诉我们:这不是真的!孩子都是有血有肉的,如果只用暴力来对待孩子,那孩子迟早有一天会反抗,走向犯罪的道路。希望父亲看到这个故事时,能够好好想一想:我们到底要的是什么?要的不就是孩子健康成长吗?我们一边害怕孩子不成才,不成器,却一边压制着孩子,不信任孩子,随意打骂孩子,这样的环境下,再优秀的孩子也会被摧残掉。

在世界上很多东西可以选择,但血缘关系是不能选择的——父母给的生命、呵护、遗弃、怒骂、暴力,但孩子又能要些什么呢?

难道要听到孩子说"求求你"吗？孩子不是弱者，不是卑微的，不是卑贱的，而是父母用爱来创造的。

精神科医生王皓威曾经说过："爱固然使家人更紧密团结，爱也往往透过各种形式在家人或其他亲密关系之间，不断地进行情感的勒索。"

美国畅销书《Toxic Parents》里，也说出了：控制型父母的操纵是无时无刻不存在的，他们打着"家长"的旗号，支配者孩子。因为一点点的火气就大发雷霆，当孩子反抗的时候，还理直气壮地说："打你，骂你，都是为你好……"言外之意就是说，因为你是我的孩子，是我的骨肉，我爱你，关心你，所以才折磨你。

针对"棍棒之下出孝子"方面，国外的著名儿童教育专家也提出了反对意见，比如：当孩子长期生活在批评中，那他照葫芦画瓢学会了谴责；当孩子长期生活在敌意中，那他自然而然就学会了争斗；当孩子长期生活在恐惧中，那他一定会是忧虑和压抑的；当孩子长期生活在怜悯之中，那他就懂得了自责；当孩子长期生活在讽刺中，他就会具备害羞和胆小的特质；当孩子长期生活在嫉妒中，那他就会变成虚荣；当孩子长期生活在耻辱之中，他就有了负罪感；当孩子长期生活在暴力中，那他迟早会走向犯罪。

一名心理学家曾指出：大多数杀人犯都是在暴力的、缺乏爱的环境下长大的。但无论是哪种恶劣的环境，究其最根本的一条就是——父爱的缺失。

现如今，那些信奉"棍棒之下出孝子"的父母们，应该觉醒了，毕竟像"狼爸狼妈"那样的成功例子，少之又少。在实施暴力教育的过程中，也发生着不少人间悲剧：2003年，因孩子偷拿了邻居家的东西，愤怒的父亲将其用尼龙绳倒捆在靠背椅上，最终抢救无效死亡；2004年，某男子看到儿子不学习玩电脑游戏，将其捆绑并进行电击，导致儿子四肢被严重电伤；广东"狼爸"徐文辉暴打女儿致死；温州"狼爸"体罚女儿致死……

这些新闻历历在目，也使得一些父母和孩子对"棍棒教育"恨之入骨。对他们来说，棍棒教育不仅让他们根本感受不到家庭的温暖，更感觉不到父母的关爱。与其这样，倒不如流浪在外，做一个潇洒自由的人。

总之，父亲的棍棒教育即使是出于对孩子的爱，但这样的教育方式也很可能只会让孩子变得心理扭曲、性格怪僻、冷漠。严重的话，孩子还会交上坏朋友，从而误入歧途。世界上没有十全十美的人，更何况是年幼的孩子。因此，当孩子犯错误的时候，父亲要站在孩子的角度，用孩子的眼光去审视和理解事物，而非使用暴力手段。

父爱是不可替代的优质成长因素

如果把母亲的教育比喻成"滴水穿石"的话，那么父亲的教育就可以称得上是"点石成金"。事实上，在孩子成长的过程中，孩子对父教会更敏感。好的父教可以开创一片新天地，让孩子懂得探索新领域和男性的力量。而这些正是母亲教育的薄弱环节。

虽然母教有着父教所没有的细心、细致、细腻、宽容，但缺少着父亲粗犷、豪迈、大气、勇敢的男人形象。因此，可以说父亲和母亲的教育方式存在着天然的差异，也就是这种差异，使得父亲更趋于理性，而母亲则更偏向感性；父亲相对宏观一些，而母亲相对微观一些。

可以说，现如今的社会就是一个以"母教"为主的社会，是一种女性化教育：从婴儿时期的母亲喂养、照料；上幼儿园接受女教师的教育；小学初中也是女老师居多……在这样的情况下，男孩完全陷入了一个"女人国"，从而变得多愁善感、性格懦弱、胆小怕事、性格孤僻、自卑等特点，完全没有一点儿阳刚之气。要知道，只成为孩子成长的经济依靠，是远远不够的。

在这样不平衡的父教和母教中，毫无疑问地会影响到孩子的处世方式和判断力。长期的感性教育下，孩子明白是非的能力和判断力就会下降；而长期的理性教育下，孩子就会变得更有权威感、纪律感、约束感。与此同时，父亲相对果断、坚毅的气质也会让孩子感受到力量、支持和安全感等。这么说来，父教和母教都有着一定的优缺点，那么父教的优势到底在哪里呢？我们接着往下看：

父教有着比母教更强的目的性

如果想要培养孩子某些品质和才能，那父亲一定会事先计划好，从而一步步发展；而母亲虽然对孩子有一定的期望，但缺乏

计划性，往往是任由孩子"自由发展"。

父亲的知识面一般比母亲广

由于父亲的视角和工作环境的不同，父亲会告诉孩子一些母亲所不知道的东西。比如：历史故事、社会新闻、各国新闻、民情风俗、英雄人物等。而母亲在这方面就比较弱一点，母亲大多生活在完美的童话世界中，或是衣食住行，柴米油盐中。

父教比母教更具有冒险精神

在生活中，父亲可能会让孩子参与修理简单家电、大胆学骑自行车、爬山、赛跑、游泳、攀岩、蹦极等运动。而母亲的性格会柔弱、胆小，为了不让孩子接触到任何危险，从而不让孩子去参与这些活动中，剥夺了男孩的一些乐趣。如果是女孩的话，那就缺少了一些勇敢的品质。

父亲比母亲的逻辑思维、创造力、想象力强

一般来说，父亲会和孩子变着花样玩游戏，既能满足孩子的不同爱好和需要，也能激发孩子的想象和动手实践能力。此外，有了父亲的陪伴和指导，孩子的积极性和安全性会更高一些。在玩乐的过程中，孩子的身心也能够得到一定的锻炼。

父亲比母亲的社交能力强

父亲在做事上有着一定的坚持和忍耐，能给孩子起到一个榜样作用；和父亲经常在一起，会接触到更多的人群，会遇到形形色色的人，在人际交往中也会形成自己的规则和原则。

父教能够避免母亲的溺爱

一项研究表明：在青少年时期，父亲不仅能给孩子提供更多自主性的支持，还能促进青少年独立性的发展。而一位溺爱孩子的母亲，正是因为父亲的失职，想要弥补孩子所缺失的情感，才会用加倍的母爱去对待孩子，这也往往导致一些不良的后果。加上父教的不足或缺失有可能导致母教过于强大和对孩子的溺爱越来越严重。此时，父教的出现就是将孩子从被溺爱中解救出来，走向健康的道路。

父教能够纠正母教的极端行为

在家庭教育中，父教与母教作为一种有效的平衡与纠偏机制存在，可以阴阳互补。一般说来，母亲管吃穿多，而父亲对孩子的思想、个性和学习管教多。此时，父教就要弥补母教的不足，纠正偏向，不让母爱变得极端起来，而是让父教与母教完美地相结合，教育出一个拥有良好品质和性格的孩子。

孩子的成长，好爸爸不缺席

"爸爸，我能不能借你点东西？借给我一天的时间，陪陪我……"这是一个孩子对父亲说的话。

或许是父亲真的很忙，早出晚归的，从来没有和孩子一起过过六一儿童节，没有和孩子一起去过游乐场，没有带孩子去商店挑选玩具……可能是由于缺乏与孩子的互动，孩子们的心里难受极了，甚至觉得和父亲在一起有点奢侈。也因此，孩子就有了请求爸爸陪陪自己的需求和愿望。

事实上，这种事情并不是第一次，也不会是最后一次。缺乏父爱已经成为社会上的一个突出现象，父爱已经从家庭中淡出了。虽然"男主外，女主内"，是人们的传统观念，认为男人就要赚钱养家，女人就要守着孩子操持家里，但是在孩子的眼里，父亲的"功劳"远远比不上父亲对自己的关注和陪伴。

有一项调查表明：有八成以上的父母认为教育子女才是家庭中最重大的责任，但有六成以上都是由母亲来担当这个重任，而父亲却起着15%以下的作用。可见，在教育子女的伟大事业中，存在着如此大的纰漏。

事实上，无论是在古代，还是在现代，父教一直是少量的，缺乏的。虽然有古话说：子不教，父之过，但真正教育孩子的还是母亲，如：孟母三迁、岳母刺字等故事。而对于父教的经典故事，真是寥寥无几。

难道说，"男主外"就是对孩子不管不问，一心忙于事业？难道说"女主内"就是"相夫教子"，一心忙于孩子？难道父爱在家庭中就要"若隐若现"？

其实不然，这样的教育方式不仅对子女教育不均衡，还破坏了家庭结构和关系，还可能会导致更严重的后果。比如：由于母亲把过多的注意力放到孩子身上，夫妻关系就慢慢变淡了……无疑，"管孩子"就成了一个借口，成了家庭中潜在的"第三者"。又或者说，当父爱缺失以后，母亲就会想办法去弥补这种缺失，过度关注，甚至到了溺爱的程度。

有一个这样的故事：

有一位少年，总喜欢小偷小摸的。一次，他又偷了同学的橡皮被母亲发现，但母亲却没有责怪他，而是自责：我可怜的孩子，我应该尽量去满足你的要求。接着，母亲给他买了很多学习用具。少年一看母亲并没有因他偷东西生气，便再一次偷同学的东西。

转眼间，少年已经长大，但他有一个坏毛病——偷盗。终于在一次偷窃中，他被当场捉住并入狱。知道此事的父母痛哭疾首，捶胸顿足，心想家里条件不差呀，孩子怎么还会犯这样的错误呢？

去监狱看望他时，他单独将母亲叫到一边，趴在耳朵上说些什么。突然，他一口将母亲的耳朵咬了下来。鲜血直流的母亲诧异极了：儿子怎么会这样对待自己。而儿子却哭着说：当我第一次去偷同学东西的时候，你就应该制止我，打我，骂我，这样我就不会胆子越来越大，还犯罪……站在一旁的父亲更是痛心不已，儿子变成今天的这个样子，都是他的教育疏忽，才酿成今日大错。

从这个故事中，我们可以知道，不能因为小树苗缺乏营养，就一直灌溉养液。适当的养液可以使小树苗健康成长，过量的养液只能让小树苗营养过剩，承受不了。其实，在教育子女的事业中，只有父亲的"粗"和母亲的"细"相结合，孩子这棵"小树苗"才会长得主干挺拔，枝繁叶茂。

在日本，赞成父亲来教育子女的方式越来越多，像男职员申请育儿假的现象也不断增加，由几年前的 24.9% 增至 54.8%。而企业也认为，"推广父教这一事业"是为了留住优秀人才、提高工作意愿、增加生产力的完美策略。因此，为了孩子，为了扮演好在家庭中的角色，为了孩子能够健康成长，父亲要积极参与到家庭教育中：帮孩子洗澡；一起玩耍；节假日带着孩子和妈妈一起出去游玩等。这样互动的模式，才不会让父爱从家庭中淡出，让孩子期待父亲的陪伴。

进门之前，把坏脾气丢在家门外

在生活中，我们或多或少地会有自己的情绪。那么什么是情绪呢？情绪是一种很正常的心理产物，是一个人对外界刺激有意识的感受，是心理和生理上一种很自然的反应特征。良好情绪有助于身心健康，也会利于周围人的身心健康，而不良的情绪不仅不利于身心健康，也会对周围人产生影响。

在家庭教育中，父亲的情绪往往对孩子的成长有着直接的影响。相关研究表明，父亲的积极情绪对孩子今后的社会能力有着正向影响作用，而父亲的消极情绪则会对儿童的社会能力产生负面影响。

有这样的一个故事：

有位父亲，脾气性格不太好，每天都像个"气包"。每当回家的时候，他的这种气就会带到孩子身上。

晚上吃饭的时候，孩子的饭菜掉到了桌子上。父亲抓着这件事便一直批评，指责孩子的不是，委屈的孩子只得含着眼泪继续吃。

还有一次，孩子将水洒在了爸爸的文件上。没想到，爸爸抓起拖鞋就往孩子身上打。本来想道歉的孩子看到爸爸这样，就是不认错！

在这样的僵持中，孩子的妈妈出来主持公道，还被父亲骂了一顿。在这样的环境中成长，孩子变得越来越胆小，做什么事情都畏首畏尾的。

这位父亲的坏脾气不仅影响了孩子，还破坏了家庭中的和谐。首先家就是团聚的地方，是温暖的地方，并不是用来工作的场所。当父亲把工作带回家的时候，显然是不对的。其次，无论父亲从哪里受到的气，都不应该撒在孩子身上，让孩子变成无辜的"泄气者"。

如果故事中的这位父亲能够学会控制自己的脾气，不把脾气带回家，那么家庭中一定是个温暖的地方。

著名教育专家认为：父母的不良情绪不仅会影响孩子的心理，还会影响孩子的性格塑造和心理发育。

在生活中，我们每个人都经受着这样那样的压力。可是这种压力只能我们自己来承担，来找一些释放的方法，而不是把这种情绪转嫁到别人的身上。如果父亲都把自己的不良情绪带回家，向孩子发泄，那当孩子有了不良情绪的时候，又向谁去发泄呢？

下面，我们来看一下这个故事：

天天是个聪明、动手能力强的男孩。到了上学的年纪以后，父亲就把他送到了学校。可是，父亲就发现他的脾气变得越来越大了。有一次，天天因为一点小事就和同学发生口角。细问之下，才知道原来是父亲惹的祸……这到底是怎么回事呢？

一天，天天正在和小朋友们玩，这时，有个小朋友走过来昂着头对天天说："你看，我爸爸给我买的新玩具！你没有！哼。"

天天说："我也要我爸爸买！"接着，天天就跑回了家。可是此时的爸爸，正在为工作加班呢，连周末都不能带他出去玩。

"爸爸，爸爸，我想要玩具！"

"一边玩去！"

"呜呜……我要玩具！"

"没看到我在忙吗？自己玩去！"爸爸生硬地回答他。失落的天天回到了小区公园，继续和小朋友们玩。这时，那个炫耀的孩子又跑了过来："天天，你不是说你爸爸给你买玩具吗？"

天天只是低着头，不说话。

"哼！吹牛！我就知道你那个坏脾气爸爸不会给你买玩具的。"小孩子得意地说着。此时，天天突然将他推倒在地，并双手捶打着他："叫你说，叫你说……"

后来，周围的大人参与其中，才拉开了他们……

虽然天天和小朋友的矛盾和父亲没有直接关系，但却有着间接的联系。小孩子总想得到爸爸的关心和爱护，想要爸爸关注自己，而买玩具就是其中之一。当天天看到别的小朋友有玩具的时候，自己也想要，其目的是想得到父亲的关心和关注。可当他诉说自己请求的时候，父亲却因为工作的忙碌，将坏脾气发泄到了孩子身上，潜台词是：我都这么忙了！周末还在加班，不要来烦我！可在孩子的眼里，会认为：爸爸不爱我。为此，天天的情绪才如此低落。当受到小朋友嘲笑自己和父亲的时候，天天下意识地保护自己和父亲，便与小朋友发生了矛盾。

如果父亲能够给予孩子一点关心，不要把工作中的坏脾气带回家中，简单地说一句：那等下个周末去买好不好，现在爸爸有些忙。或者说：如果你乖一点儿，不吵爸爸，那我很快就会做完工作，然后带你去买好不好？如果父亲能够这样说，那孩子也不会感染到坏情绪，然后把这种坏情绪带到别人身上了。

由此可见，父亲必须控制好自己的情绪，不把坏脾气带回家中。实际上，喜怒哀乐是一个人发泄情绪的一种表现。如果是好的情绪当然是对身体有好处的，如果是不好的情绪，那我们就要懂得释放了。

常听人说：生气伤肝。虽然我们懂得这个道理，却不懂得如何发泄情绪。下面有几种小技巧，父亲不妨学一学。转移法：当因为某件事生气了，就把这件事放下，去干点别的事情，让这种坏情绪通过转移来减小、消除；拖延法：当自己有情绪需要发泄的时候，可以在心中默默地数数，从一到十，让情绪有个缓冲的空间，不至于一时冲动酿下大错。

如果父亲能把自己的坏情绪控制好，不把坏脾气带回家，那么家庭总会是和谐和温暖的。

家，不是讲理的地方

有句话叫"有理走遍天下"。意思就是说，只要你有理，到哪里都能理直气壮，都能够令人信服。可是，在家庭中这句话却没有什么作用。

对于这个观点，家庭教育研究人员进行了一份"家里需不需要讲理"的问卷调查，调查的结果是：30%以上的人赞成，他们认为家里也需要讲道理，不然家就没有原则和规则了；50%以上的人不赞成，因为与家人讲道理显得有点得理不饶人的感觉；20%以上的人中立，他们认为：那得分什么事，该讲理的时候讲理，不该讲理的时候不讲，任何事情都要有一个度。

虽然看完这个调查结果后，我们并不是很明确"家里需不需要讲理"，但我们都相信：清官难断家务事……每个人都有每个人的道理。不过，一位"过来人"却告诉了我们一个肯定的答案。下面，是一对父母写给女儿的信，信中不仅是对女儿的祝福，也说出了自己在婚姻中的经验。

亲爱的女儿：

　　当爸妈听到你要结婚的喜讯时，感到非常高兴。虽然你嫁到了远方，与我们相隔千里，虽然我们不能在婚礼上致辞，有点遗憾，但是我们爱你，我的宝贝。

　　当你告诉我婚讯，我和你妈沉默了很久，心想：我们的孩子长这么大了？后来，你妈对着镜子淡淡地说道：是啊，你看看我们的头发都花白了……

　　看着一丝丝的白发，一个个故事和琐碎的情景涌入脑海。接着，你妈提醒我：还是给女儿写一封信吧！就当是送女儿的一份新婚礼物。

　　亲爱的女儿，我们只是世界上最平凡的父母，我们要求的不多，只是希望我们的孩子在踏上婚姻之路，走向人生之旅之后，能够心怀感恩，一路平安。在这里，作为一个父亲要给你一些生活的感悟。

　　首先，我要告诉你：家不是一个讲理的地方。虽然乍一看，这句话没有什么道理，但它确实是真理，是无数夫妻、无数家庭用时间、用爱、用辛苦、用对错一点点积攒下来，从而得出的感悟。

　　当夫妻之间开始据理力争的时候，家里便开始蒙上一层阴影——两个人说出一些算不上道理的道理，会敌视对方，伤害对方，最后只能两败俱伤，难以收拾。在此时，他们不知道，家不是讲理的地方，不是算账的地方。

　　那么，什么是家？家又是什么地方？女儿，在我们还年轻的时候，也像许多夫妻一样，为一点儿小事争闹不休，甚至闹到要离婚的地步。当然了，最终我们还是没有那样做。

有一天，我的朋友在他孩子的婚礼上说"希望你白头偕老，相爱永远"的时候，我突然意识到：家并不是讲道理的地方，而是讲爱的地方。两个人相爱一时很容易，但爱一生一世却不容易，所以我们要耐心去总结和体会。

其次，婚姻是一个空盒子。你需要往里面放东西，才能得到你要的东西；你放的愈多，得到的也就愈多；放的少，那得到的就少。

很多年轻人在结婚的时候，对婚姻有很多期盼：期盼得到富贵、慰藉、爱情、宁静、快乐和健康。婚姻并不能给我们现成的东西，而是需要我们去创造，去养成一个习惯，去给，去爱。日后，你就会得到你想要的东西。

婚姻是一种艺术，到处充满了艺术，即便是吵架，也是一种艺术。曾经，我听过这样的一个故事：一对夫妻为了一件小事吵起来，他们越吵越凶，越吵越生气。突然，妻子说了一句：等一下，我要去生孩子了。

瞧，这就是吵架的艺术。

有一位作家曾经说过：你们生养他，教育他，你们的责任已尽，而你们给他最好的礼物，是一对翅膀。亲爱的女儿，这封信就是爸妈送给你的结婚礼物，希望你带着我们的祝福，快乐地飞翔。

——爸爸 妈妈

看完这封信,相信父亲应该明白了:家并不需要谁对谁错,而是互相迁就,互相尊重,互相爱护。不论是在对待妻子,还是对待孩子,都要记住这句话。

家,应该是温暖的,充满爱意的,不要让琐碎,让一时的冲动变成敲碎情感的锤子,也不要把"讲理"变成伤害亲人的尖刀。只有父亲做到了这一点,孩子才被潜移默化,从而懂得这个道理。

爱是不粗暴,做个"慈祥的父亲"

在家庭中,有一种"暴君"父亲:独揽家庭大权,高高在上,有意操纵家人的一切,对子女经常发号施令,让孩子们绝对服从。如果孩子不遵从的话,父亲就会以"暴力"的形式否定和打压孩子的想法和行为。在"暴君"的字典里,绝对不能有"不"这个词。

有这样的一个故事:

小迪的父亲是一位专制的"暴君"父亲,什么事情都要管,即使连吃饭的顺序也要管。比如:在吃饭的时候,父亲命令小迪先喝口汤,再吃饭,吃饭要细嚼慢咽。如果先吃饭后喝汤,也会被父亲批评一顿。

一次,小迪正在往面包上抹苹果酱,可没想到苹果酱滴到了衣服上。碰巧,父亲出门的时候看见了,便张口就骂:真是个坏东西!浪费粮食……吓得小迪不敢说话。

一次期中考试，小迪考了99分。当他拿着成绩找父亲签字时，父亲扫了一眼又开始了"暴君"行为：才99分？这有什么值得炫耀的！有本事给我拿100分回来。父亲的这番言论，让小迪瞬间没了自信。

长期生活在"暴君"压制的环境下，小迪变得越来越不敢说话。因为不管他说什么，总会换来父亲的怒骂和批评。慢慢地，小迪也就学会了逆来顺受。

后来，小迪的这种状态也延续到了学校——不善交际，害怕惹是非，处事谨小慎微，循规蹈矩。即便是遇到了矛盾，也不敢直接面对，而是克制着自己的想法。

看到这个故事，或许有父母会说："咦？怎么跟我的孩子有点相似。"其实，父亲应该塑造的形象是高大、充满力量的。但如果父亲是以"暴君"的形式出现的，或多或少会影响孩子的健康成长。为了在家庭中寻求一种安全感，孩子只有选择小心翼翼地做人做事，生怕破坏了"暴君"父亲定下的规则。就像故事中的父亲，因为孩子吃饭滴到了衣服上，也要大肆批评，这确实有点小题大做了。对于孩子的学习成绩，虽然父亲很关心，但却以一种暴力的形式来激励孩子。可是这种行为，不仅不会起到激励孩子，而且会伤害孩子的自尊心。难道父亲想要孩子成为一个服服帖帖的臣民，养成一个小绵羊性格吗？

在今后的成长中，孩子也会欠缺冒险精神，不敢大胆创新，就是连基本的自强自立也很难做到。当然了，我们承认父亲是爱孩子的。但是,"暴君"父亲只会充当一位"杀手",扼杀了孩子的胆识、魄力,扼杀了孩子的创造精神。

下面,我们来看看另外一个故事,虽然故事中的主人翁也深受"暴君"父亲的影响,但好在能够及时控制住自己,摆脱父亲的"魔爪"。

希拉里是美国第67任国务卿,也是美国第42任总统克林顿的夫人。别看希拉里有如此大的成就,在她的小时候,却受着"暴君"父亲的教育伤害。

希拉里的父亲叫休·罗德姆——一个脾气暴躁、郁郁不得志、玩世不恭、愤世嫉俗的男人。她的"暴君"父亲总是毫不留情地对他们冷嘲热讽、蓄意贬低他们。第二次世界大战期间,父亲作为海军军士长不仅负责训练士兵,还把军营式的管理模式带到了家庭教育中。据说,她的父亲总是会坐在客厅的长沙发椅上厉声发号施令,诋毁和贬低孩子的进步,他的这种做法让孩子们受到了前所未有的挫败感,而他却把这种教育方式叫作"挫折教育"。

尽管能让"暴君"父亲满意和认同是一件非常难的事情,但孩子们还是依旧努力着,以摆脱父亲的压制和受到认同。可是,在这种不健康的教育下,孩子们在不知不觉中丧失了自我。

好在聪明、有主见的希拉里在意识到自己的变化时,调整了自己的心态,从而走向了让所有女人都望而却步的地位。

对于希拉里的变化,韩国作家李智诚是这样认为的:在20岁的时候,当希拉里决意从心理上与父亲决裂,坚决地"走自己的人生"的时候,她就开始成功了——拿下了人生中的很多个第一。不过,这种心理上的决裂不会是彻底的,因为"暴君"父亲的影响会持续出现在希拉里的生命中。

由此可见,在一个家庭中,父亲和孩子的性格、观念差异太大,就会造成两个比较极端的反应:当一方强势,霸道的时候,另外一方就会变得弱势、胆小;强势的一方,会以弱势的一方为代价,而弱势的一方,就会以强势的一方为"标杆"。

随着时间的变化,强势的一方就会变得越来越强,弱势的一方就会变得越来越弱。慢慢地,就会形成家庭内部关系的病态平衡——强势的一方会将自己的控制看作是一种光荣和成功,弱势的一方就会因为被压迫的时间太久,从而出现不利于身心健康的不良因素。

因此,有"暴君"倾向的父亲需要改变自己的教育方式,多给孩子一点自由,不要过分强迫孩子,尊重他们自己的选择。要让孩子们生活在轻松之中,感受幸福和快乐。

放下陈旧落后的教育经验,走向理解的爱

在家庭中,如果说父亲对孩子不够爱的话,那么就会有很多父亲提出抗议,并进行自我辩护说:"没有这回事,我很爱我的孩子,我为孩子牺牲了那么多的精力,那么多的时间""天啊!

要知道,我所做的一切都是为了孩子啊……""如果没有孩子的话,我们也不会拼命啊!"

针对这种现象,蒙特梭利这样说:每位父亲都会这么抗议,都会进行自我辩护。可是,为什么当父亲在爱孩子的时候,而孩子却在无爱中长大了?为什么他们的人生没有得到正常的发展?实际上,教育是双方面的,只不过一个是意识的,一个是潜意识的……"

在日常生活中,父亲总会不屈不挠地维护自己的意志和看法,而且任由自己的想法去支配孩子。由于孩子的年纪小,没有什么分辨是非的能力,也没有拒绝爱的能力和权利。也因此,就听从和接受父亲的爱了。

蒙特梭利曾经说过:人类的进步与发展就在于"如何把潜意识变为意识",其中就包括对孩子的教育。只有警惕自己的潜意识,把潜意识提升上来,才叫作真正的爱。

在蒙特梭利幼儿院,如果孩子想要攀爬"蒙特梭利栅栏",无论他是男孩还是女孩,无论他的年纪有多大,任何人都不能够帮助他,而要离孩子一米远的地方,给孩子一个自由的空间,让他尽情地去玩乐。当然了,如果孩子有什么意外的话,那老师一定要帮助孩子。

在这样的教育下,孩子们就会以自己的能力衡量活动的范围。通过这种衡量,孩子今后就能把握自己的行动,并正确地决定下一步的行动。

很多孩子在父亲的"呵护"下长大以后，变成了一个不知道天高地厚，瞎胡闹的人。即便是遇到了什么挫折和失败后，就会埋怨父亲没有给他创造一个良好的条件，抱怨没人帮他。

实际上，儿童有与生俱来的自护能力，但这种能力必须被使用。有一项这样的调查实验：在玻璃板下面放一个带格的有立体感的图，让孩子在上面爬。当孩子在爬过这个图的时候，他就会观察。

要知道，立体的图给人带来视觉上的差异，深浅不一。在遇到浅处的时候，儿童很容易就爬过去了。在遇到稍微深一点的地方，孩子就会停止不前，观察父亲的神态，如果父亲的脸色是紧张的，孩子就不会往前爬，如果父亲面部表情是愉悦的，那么就相当于是鼓励的意思，那么孩子会勇敢地爬过去。

从这个小实验中，我们可以看出：如果父亲能够理解孩子，自由地爱孩子的话，那么孩子是不会变得与父亲有隔阂的。

众所周知，在蒙特梭利幼儿院，有花园，有沙池，有绝大部分的自由，孩子的活动范围特别大，从教室到花园，从房前到房后，从秋千到动物屋……也因此，孩子们在里面玩得很开心，并且弄得总是一身脏。

一天，有个孩子来到这里以后，因为对环境还比较陌生，不愿意活动。等到晚上，爸爸来接的时候，看到孩子便有点不高兴地说："孩子衣服怎么这么干净？也就是说，我的孩子没有自由地玩。"

当另外一个家长看到脏兮兮的孩子的时候,便说:"我的孩子这么脏,你们是怎么搞的,为什么把我的孩子搞得这么脏?"

从这两种不同的反应中,就可以看出父亲的不同观念和思想。实际上,只要父亲去理解孩子,让孩子自由地玩耍,才能够让孩子变得自由一点,感受到父亲的爱。

有这样的一个例子:

张先生有个朋友,夫妻两口子都是博士,但对儿童教育没有做过任何的研究。也因此,他们对养育孩子有着自己"独特"的经验,那就是——爱管孩子。比如:在什么时候,在什么场合,孩子的衣着都要得体;在说话的时候,总是以训斥的口吻跟孩子说话。

在这样的教育下,孩子变得十分胆怯,一点小事也要看父亲的脸色,等待着父亲的命令。如果稍稍感到可以逃脱父亲管教的时候,就使劲地闹,特别好动。可是一旦面对父亲的时候,就不敢多加放肆了。

从这个事例中,我们就可以看出:父亲的教育方式能够决定孩子的一生。像张先生的朋友,虽然夫妇俩是博士,有着很高的文化,但在养育孩子方面,却有着这样大的错误。在长期的教育中,孩子就会变得小心翼翼,变得不敢与人接触,因为他们已经丧失了基本的能力,丧失了一切能够自理和独立的机会。

虽然从表面上来看,父亲是爱孩子的。但实际上,父亲是在害孩子。除非父亲能够改变自己的教育方式,不然的话,孩子的人生是不容乐观的。

总而言之，要想爱孩子，给孩子自由，那就要放下一些陈旧的、落后的观念，比如"我做的所有的一切都是为了孩子"。在爱孩子的时候，父亲一定要想想孩子能不能接受，孩子能不能喜欢，这样的做法，能不能对孩子今后的人生有影响，等等。

用心做父亲，给孩子正确的爱

不少家长认为，如今条件好多了，孩子又是独根独苗，无论如何不能让孩子吃苦受累。怀着这种想法，父亲尽其所能地从各方面满足孩子的需求，包括一些不必要的，甚至是无理的要求。他们尽力把孩子的生活道路铺得平顺，似乎这就能保证孩子幸福健康。但是事实上，这种幸福观很容易导致孩子的灾难，比如：认为父亲的爱是理所应当，甚至感到麻木，忽视父亲的爱以及所做的一切。

"溺爱是父母与孩子关系上最可悲的事，用这种爱培养出来的孩子不肯把心灵奉献一点儿给别人。"这是一位教育家的经验之谈。可以说，溺爱只会让孩子变得麻木。

某某报纸曾刊登过一则新闻，新闻的内容是一个60岁老汉给一所大学的信，讲述了他心酸的故事。

刘老汉是一位63岁的农民，家里有一个儿子和一个小女儿，儿子从小就是他们的骄傲。为了儿子，她和老伴儿什么都愿意做。

刘老汉的儿子现如今成为一名大学生，也是老刘家五代人中唯一的大学生。在村里，这是刘老汉两口子一生的骄傲！但就是这个让他们骄傲无比的儿子现在却让他伤透了心。

刘老汉回忆道，儿子刚考上大学那会，他陪孩子一起去学校。下了汽车后，刘老汉扛着笨重的行李往前走，儿子却跟在后面几乎两手空空。刚走到学校，由于大门口在施工，刘老汉不小心被门前一根凸起来的铁棍儿给绊倒了，然后重重地摔倒在地上。他的儿子望了望四周，赶紧用力拽了一下他的胳膊，小声地说：'你这是干什么啊，还不够丢人的！'尽管刘老汉的双腿摔得生痛，但还是得迅速爬起来继续背着行李往校园里走。

从开学到第一学期末，刘老汉的儿子总共给他打了3次电话，每次不超过三分钟，且都是找他要钱。

刘老汉的家里种着4亩地，老伴儿在地里忙活，他就到村里的砖窑去做苦工。一开始人家嫌他年纪太大，说干不了，就是不肯收他。刘老汉几乎要给人家跪下了，砖窑的人看见他可怜，才让他干的。小女儿也15岁了，由于家里经济困难，初中毕业后就去给人家当保姆挣钱，领了工资后就全寄给哥哥供他读书用。老伴儿有一段时间眼睛红肿得厉害，但是刘老汉都舍不得花钱买一瓶几块钱的眼药水！

为了能够再多挣点钱，他的老伴在农闲之余，又在村里找了个差事，就是给人家看孩子，照顾一天下来，只能挣到5元钱，而且没日没夜地干。

去年的冬天，刘老汉的儿子打电话打得特别勤，依然次次都是要钱。刘老汉前前后后给他儿子寄了4次，总共有6000多元钱。他不知道现在的学费怎么需要这么多钱。后来，刘老汉听村里去外面打工的一个小伙子回来说，他见到刘老汉的儿子了，正和一个女孩在高档商场逛街，俩人谈着恋爱，很是潇洒。然而更可气的是，他儿子过年回来时，居然跟他虚报了好多学费。这也是后来刘老汉无意间去学校才知道的，他儿子还嫌弃他，让他赶紧离开。

如今好长时间过去了，刘老汉一想起这事就心里堵得跟什么似的。他就不明白他的儿子怎么会变成这样。他就想问问那所大学："你们除了教文化知识以外，还能否教人学到要有良心啊？"

如果要回答上面这位老父亲的疑问，那么先要阐述一个心理上的知识：人与人之间交往的本质其实是一种精神和物质的交换。这就和商品交换的性质一样，即一个人希望在交往中，他的得到至少不少于他的付出。一旦得到的大于付出的，那么会让这个人的心理失去平衡，认为自己没有能力回报，于是就会选择去逃避或者麻木。

刘老汉的儿子很显然选择麻木。在他的认知中认为父亲的付出是理所当然的，一旦无法满足他的要求，他会表现得非常不满。

有很多这样的父亲，他们无条件地为孩子默默地付出，有的父亲还隐瞒自己的病情和生活的艰难，只为让孩子能够"安心"学习、工作。在这一现象中，尤其是那些挣钱养家的父亲，本来与孩子沟通的机会就不多，在外面为了孩子忙于工作的时候，孩子却在家中玩游戏，为了养家糊口在外面辛苦地打拼，到最后，孩子很可能会反问你："爸爸，在我最需要你的时候，你又在哪里！"

这些事实告诉我们，在教育孩子当中，父亲最好不要过度地爱你的孩子。溺爱和纵容，只会让他变得越来越自私。让孩子明白你在为他做些什么，让他们明白那些干净的衣服和可口的饭菜以及舒适的环境，这一切的一切都不是理所应该的。但是，在如何告诉他时，也要注意说话的方式。

父亲千万不要对孩子说"我这是为了你才……"这是一种最粗糙的表达方式。你可以试着让孩子到外面做兼职、发传单，让他们在外面吃点苦、受点挫折，他们自然就能想到父亲挣钱的不容易，对他是多么宽容和爱护。

父亲一定要明白，你的宠爱和"都是为了你"的想法和行为会让孩子遇到以下障碍，从而让孩子对你的宠爱越来越麻木。

人际交往出现障碍

过度被宠溺的孩子总以自我为中心，与别人相处的时候，让其他人都必须听他的，不为他人着想，这种行为的后果，自然就没人愿意和他再来交往。久而久之，那些被宠坏的"小皇帝"们自然成了孤家寡人，影响人与人之间正常的人际交往。

性格过于骄横

过度被宠溺的孩子最直接的表现就是性格骄横跋扈。由于父亲无条件地满足孩子所有的要求，甚至一些无理的要求，孩子从小就学得目中无人。他们不懂得宽容，不懂得让步，更受不了一点的委屈。

自私自利

那些长期被父亲的宠溺包围的孩子，不懂得将心比心，不会站在别人的角度考虑问题，凡事以自我为中心，自私自利，不去为他人着想。将来走上社会，或许自私能够逞一时之利，但是，自私自利这种不健康的性格必然会成为他事业上的绊脚石。

经受不住挫折

在父亲溺爱下长大的孩子，犹如温室中的花朵，没有经历风吹雨打，从来不明白什么是挫折。一旦他们脱离了温室，遭受到小小的挫折就开始手足无措。性格上的这种懦弱，让他们无法面对任何挫折。

必须知礼节

父亲对孩子过度宠溺，让孩子不知道尊敬长辈，因为他们根本不懂得什么叫礼貌，一个人最基本的礼貌都没有，如何与人相处？

因此，父亲要恰当地和孩子进行互动，千万不可给予孩子过多的照顾和保护，因为你不可能扫除孩子人生道路上的所有障碍，必须让他们明白，自己的事情自己去做。如果父亲什么都替孩子做好，那有一天父亲不在身边了，孩子岂不是寸步难行？

父教缺失，孩子成长亮红灯

为了给孩子创造更好的物质条件和学习环境，父亲纷纷投入到"先忙事业后顾孩子"的事业中，把孩子"扔"给妻子或老人。在他们的眼里，这种行为对自己的家庭来说是最好的教育和奋斗模式。

其实不然，美国著名心理学家经过调查发现：在缺乏父爱下，孩子的情感有着很多障碍，如焦虑、任性、多动、孤独、依赖、不喜欢焦急、感情冷漠、自制力弱、攻击性强；在青春期，可能会出现逃学、偷盗、早恋、暴力，甚至走向犯罪。而他们的这种状况就被称之为"缺乏父爱综合征"。在成年以后，这些患有"缺乏父爱综合征"的孩子比其他孩子更容易出现神经质、精神病、人格障碍、犯罪、自杀等，甚至还有可能影响到他们今后的婚姻。

很多心理学家和教育专家表示赞同这个调查结果：著名心理学家威廉·波拉克说，在控制自己的情感方面，父爱起着关键的作用。如果没有父爱的指导和监督，孩子所遭受的挫折就会转变为一种暴力行为；著名心理学家格尔迪说，父爱是一种独特的存在，是对培养孩子一种潜在的力量；著名婚姻与子女教育专家约瑟·D·麦道卫也指出：缺乏父爱的男孩更容易成长为一个危险的男人。

有这样的一个故事，发生在2002年：

为了"研究黑熊嗅觉是否灵敏",有一陌生男子两次用火碱和硫酸伤害北京动物园的5只熊。经过调查后发现,该男子是清华大学的大四学生。他的这种可恶行径不仅受到了法律的制裁还被清华大学给予留校察看的处分。

很快,"伤熊事件"就在社会上引起轩然大波,并引来了众多人的猜疑和怒骂。不过就在此时,人们知道了他身上还有这样的一个故事:该学生刘某生活在单亲家庭中,从小跟妈妈相依为命。

据刘某说,在他3岁那年,父母就因婚姻出现问题而离婚。虽然和爸爸离得不算远,但从来没有来往过。对于儿子的行为,李妈妈认为儿子与缺乏父爱有关系。

的确,母爱是伟大的,但却不能代替父爱。父爱是独一无二的,是男孩内心最迫切、最渴望得到的爱。在缺失父爱的情况下,孩子缺乏在纪律上的教育和监督,缺乏学习如何做男人的机会。在男孩的心目中,渴望身边有一位强健而幽默的、粗犷而温和的、自信而智慧的男人陪伴左右,并学习真正的"男人气"。如果能够与父亲待在一起,那就能够建立对周围的安全感与自信,从父亲那里学会做一个真正的男人。

李开复博士曾说,父母是孩子的第一个偶像。对于大多数孩子来说,父母的影响力通常不是看他们说什么,而是看他们做什么!在我的心目中,父亲就是道德和正义的化身,给我留下经久不褪的烙印。父亲留给我的遗产就是——有容德乃大,无求品自高。渐渐地，我明白了，父亲是在用自己的言传身教为儿子做榜样，用一种无声的权威指引儿子的未来。

由此可见，父爱对孩子来说就是一个"补钙"的作用，如果缺失了"钙"，那孩子怎么会健康起来呢？要知道，在一个完整的家庭中，不仅要有母亲那细腻温柔的情感，而且还要有父亲那刚强的意志和陪伴，才能够养育出一个健康的孩子，而非"缺钙"的孩子。

第二章
DIERZHANG

好好做父亲：
男人最有价值的投资

别做孩子眼中的"透明人"

为什么孩子会把父亲当成"透明人"？原因是无论在生活中还是学习中，孩子很少看到父亲的身影……得不到父爱的关心、照顾。慢慢地，孩子自然就把父亲当成透明人，当成可有可无的一个人了。

为此，教育专家们发起了一个调查：父亲为何总是缺席教育孩子？而得到的答案基本相同——忙。

是呀！父亲大多承担起了家庭的经济责任，忙工作、忙8小时以外的应酬、忙赚更多的钱。有的父亲工作忙，很少有时间陪伴孩子，就会把孩子交给老人或者请一个保姆。不是让孩子泡在玩具堆里，就是把电视打开，让孩子看看动画片。在此刻，我们忍不住问一句：难道父亲忙得没有一点时间吗？

某知名教育专家曾经说过：父亲的"忙"其实是一个借口。是啊！父亲再忙能有美国总统奥巴马忙吗？

奥巴马在竞选总统时，有一件事情非常自豪。那就是，在长达21个月的竞选赛中，没有错过一次孩子的家长会。

事后，米歇尔在演说中这样提道：即使到了现在，奥巴马仍然每晚和孩子们一起吃晚餐，耐心回答她们问题，还为孩子们在学校交朋友的事出谋划策。

修身齐家治国平天下，这句话在奥巴马身上是最合适不过的了。作为一个总统，国家的事务已经够繁忙了，可是他也没有因为工作的忙碌而丢掉父亲的责任。在父教里，奥巴马的例子足以让那些找借口的父亲哑口无言！

有句话说："时间就像是海绵里的水，挤一挤总会有的。"平时忙碌的父亲，应该懂得这个道理，把空闲的时间拼接起来，多陪陪孩子、多教育孩子。

有研究表明：缺乏父教的孩子，在言行中会更具攻击性。在孩子的心目中，父亲的形象有一种威慑的作用，能够对自己的言行进行监督，从而受到约束。如果父亲因为工作繁忙，就忽视对孩子的教育，很容易让孩子形成一个不健全的身心，并且容易让孩子产生一些心理疾病。

因此，父亲不要以"忙"为借口，忽略对孩子的教育，而是多挤出一点时间，用来关爱和教育孩子。虽然工作很重要，但孩子的人生和身心健康同样重要。为了不让孩子把父亲当成"透明人"，专家们给父亲提出了以下建议：

成为孩子心灵上的依靠

在孩子的心目中，父亲才是最值得依靠的肩膀。因此，父亲要让孩子感受到父亲的强大，产生安全感，而不是要缺失在孩子的教育中，成为一个"透明人"。

要将孩子放在第一位

如果父亲把孩子放在第一位，那孩子就会感受到父亲的关爱和重视，从而回报父亲的牵挂和依赖，促进家庭和谐。

小远有一个好父亲，这位好父亲一下班就会陪孩子，聊聊学校发生的事情，聊聊学习，聊聊兴趣爱好。某天，父亲答应儿子要给他买《喜羊羊与灰太狼》的光碟。不巧的是，公司要加班。在快要下班的时候，爸爸赶紧给儿子打电话，让他别等了，光碟已经买好了，让儿子安心睡觉。夜里11点，爸爸才拖着疲惫的身体进入家门。看着儿子甜甜睡着的模样，父亲把光碟放在了儿子的床头，并亲吻了他的额头。

第二天，当看到光碟就在床头时，小远高兴得手舞足蹈。为了感谢父亲，小远在期末考试获得了第一名。

如果由于加班父亲没有给孩子买光碟，并且没有回复孩子一声，那家庭中少不了一层阴云。孩子会指责父亲不讲承诺，骗了自己，而父亲会觉得自己工作那么劳碌，还要受儿子的指责……可是故事中的父亲并没有因为工作的忙碌而忽视对儿子的承诺，因为工作重要，儿子更重要。可能就是因为父亲的这种心理，家庭才会更加和谐吧。

给予孩子鼓励和关注

在家庭教育中，父亲要给予孩子更多的鼓励和关注，不要让孩子感觉到被忽视。

小恩非常崇拜父亲，因为父亲是一名建筑工程师，建造了很多漂亮的大楼。在父亲的熏陶下，小恩也喜欢做些模型。

一次，学校组织了一次模型大赛，小恩报名参加了。放学回家后，小恩就把这个消息告诉了父亲，父亲不仅鼓励她，还给予了支持。两个人在一起研究方案，并开始准备工作。在整个过程中，爸爸尽量让小恩多出力，他只做指导。

终于，在他们的努力下，小恩得了第二名。

当父亲对孩子的事保持关注并积极参与的话，孩子就会有了前进的动力。

多花时间陪孩子

父亲只有多花时间陪伴孩子，才能增进对孩子的了解。在陪孩子的过程中，父亲要给予孩子正确的指导和教育。

自从世界杯开始以来，小江就对父亲产生了很大的意见。每当父亲一下班，先打开电视锁定体育频道。如果不在家看的话，就会约朋友在酒吧看球。为此，父母吵了很多次。

当小江提醒父亲该睡觉或者打扰到自己学习的时候，父亲就会说：一会儿，一会儿……你要是有不懂不会的问妈妈和老师。为此，小江很是生气：父亲对自己不管不问，做着"甩手掌柜"，连家长会都没有去过，现在却有时间看世界杯……

由此看来，父亲的"忙"真的就是一个借口，有时间看世界杯，有时间和朋友小聚，却把孩子推给母亲和老师。在这样缺失父教的教育下，小江当然会产生不满了。因此，父亲一定要重视起孩子来，不要做"透明人"。

忙里抽闲，和孩子的互动不能少

教育专家经过调查研究后表示：如果孩子在一岁的时候，没有得到充足的爱，那么等他长大以后，或多或少都会表现出人格的缺陷。除此之外，教育专家还说：父亲与孩子的关系具有绝对的依赖性，孩子不仅在生理上需要父亲的照料，在心理上也渴望得到父亲的爱。如果孩子在年幼的时候，缺乏了父亲的爱，那么在他长大以后，就不知道如何给予他人关爱，如何去爱别人，这种情况会影响他们的一生。

有些父亲感到疑惑，甚至不认同这样的说法。要知道，天下的父亲哪个不是一心一意为孩子着想的，哪有不爱孩子的父亲啊？但是，很多父亲不了解自己的孩子，他们不知道孩子需要的是什么样的爱。在这样的家庭教育中，父亲感到很头痛，孩子也感到很难受。

在日常生活中，很多父亲对孩子的关心可谓是无微不至，甚至可以说得上是具有无私的奉献和牺牲精神。为了孩子能够更好地成长，很多父亲是省吃俭用，节衣缩食，把所有的财力和精力都给了孩子，给孩子创造更好的物质条件，给孩子创造良好的学习条件。他们认为：只要是别的孩子有的，自己的孩子也要有，并且不能比别的孩子差。

可就是这样对待孩子，有的孩子心理上还出现了障碍，与父亲的隔阂越来越大了。还有些父亲忍不住感叹：教育孩子可真难啊！费了那样大的心血，可孩子还是没有……

当然了，父亲只给予孩子一些物质上的条件，那肯定是无法满足孩子的。在家庭教育中，父亲还应该尊重孩子、关爱孩子，与孩子进行亲密和平等的交流。

曾经，有一个小学生在他的日记中写道："我希望，爸爸能够经常对我笑，能在我睡觉之前和我说声晚安……"从这句话中，可以看出：孩子十分渴望与父亲进行感情交流。作为父亲，不要总是觉得自己有多么爱孩子，而是要让孩子感受到父亲的爱。虽然父亲都愿意为孩子付出，但是孩子们却很难体验到父亲的爱，从而让家庭中的爱大打折扣。

因此，父亲不仅要会爱孩子，还要会向孩子表达爱。那么，如何正确地向孩子表达爱意呢？美国宾夕法尼亚大学莫尔学院一位博士经过一番实验后，表示：父亲应该给自己准备一份自我检查表，经常对照检查。下面，我们来看一下以下内容：

告诉孩子"我爱你"；

通过温和的触觉传达对孩子的爱意；

关心孩子的行踪；

让孩子明确什么是对，什么是错；

对孩子每一个小小的进步表示认可；

向孩子询问对父亲是否有意见；

耐心地回答孩子提出的各种问题；

交给孩子一些工作，让他懂得承担责任；

让孩子对自己有足够的信心；

尊重孩子的人格。

除此之外，这位博士还总结出了三点，以供父亲参考：

1. 在家庭教育中，父亲要每天抽出一些时间，与孩子进行交流。比如：一家人坐在地板上与孩子一起做游戏；可以帮助孩子完成学习计划，又或者是与孩子一起欣赏光盘。

2. 平时教育孩子的时候，父亲要用和蔼的语言，这样的话会让孩子感觉到被认同。当孩子向父亲表达一种感受的时候，父亲也应该以同样的心情回应他。

3. 帮助孩子正确表达自己的情绪。父亲可以限制孩子的行为，但是要告诉孩子为什么要这么做，这么做的道理又是什么。当孩子有情绪的时候，父亲不要压制他，而是让他充分地表达自己的情绪。

除此之外，父亲要交给他正确表达情绪的方法，而不让孩子用苦恼来解决问题。

请挤出时间，与孩子在一起

对于那些年幼的孩子来说，世界上那些稀奇古怪的东西都是令他们着迷和效仿的。在生活中，他们乐于与他人谈论身边的时尚的、新潮的东西。由于和父亲待的时间最长，父亲是他们倾诉的最好的伙伴，所以他们也愿意和父亲去交流时下流行的、时尚的东西。

当孩子们喋喋不休说一些流行事物的时候，如果父亲什么都不懂，那孩子就会觉得很无趣，还会认为父亲：真是个老土冒。

慢慢地，孩子们就会与父亲的思想产生不平衡，产生差异。接着，就会出现一道道横沟。这样的话，父亲还怎么走进孩子的世界，与之交流呢？

有这样的一个小故事：

周末的时候，爸爸带儿子去看电影。

到了电影院的时候，爸爸选的是《变形金刚》，儿子选的是《喜羊羊与灰太狼》。看到儿子选的是个动画片，爸爸就说："儿子，我们看变形金刚吧！这个比较好看。"

"不要！我要看喜羊羊，里面有美羊羊、懒洋洋、沸羊羊、小灰灰……"

儿子叽里呱啦地说了一大堆，爸爸有点摸不着头脑："一个电影里有这么多动物呀！可是这有什么好看的？"

"好看！我们幼儿园的小朋友都看呢！我们还要在一起交流。有的大人也喜欢看呢。"

"哈哈！大人怎么会喜欢看这个呢！"

"真老土！"

"……"爸爸无奈地看着儿子。

"你不是来带我看的吗？当然是要听我的意见了！我要看喜羊羊。"

在儿子的鄙视和"命令"下，爸爸选择了喜羊羊与灰太狼。

电影结束之后，儿子和爸爸高兴地从电影院走出来。

"儿子，还别说。这个真的蛮好看的！"

"那当然了！我就说你土了吧。这可是现在最流行的动画片了，我们都看。"听到儿子的这番言论，爸爸呵呵地笑了。

看到这个故事，我们不由得笑了。对于孩子来说，身边最流行的东西，身边的人都在谈论的东西，那就是"时尚"。如果别人不懂得话，那就是老土。虽然孩子的感觉比较直接，但他们的感觉和感受却是最真实的。在家庭教育中，被教育的人是孩子，那么孩子是最有发言权的。

现如今，"流行"的东西真的是越来越多了，搞得父亲都跟不上孩子的节奏。当孩子说些什么的时候，父亲总是不知所云。有的时候，父亲想跟孩子聊些什么，但是发现自己根本不懂，比如流行歌曲。

不管是在校园里、大街上、家中，总会听到一些年幼的孩子唱着一些父亲听都没听过的歌曲。针对这一现象，记者在四川进行了一项问卷调查，调查结果显示：约60%的小学生喜欢流行歌曲；15.8%的孩子喜欢儿童歌曲。

看到这一结果，父亲不由得惊叹起来：小小年纪不听儿童歌曲，却听流行歌曲……慢慢地，原本陪着孩子的儿童歌曲就消失了。

前些日子，记者来到了成都市的一所小学，在五年级的音乐课上旁听。上课铃一响，音乐老师便弹奏起了《同一首歌》。可惜的是，小学生们并不配合老师的优美琴声，而是叽叽喳喳着，相互聊天，要么就是播放着MP4里面的歌曲，戴着耳机小声哼唱。

音乐老师告诉记者，低年级的学生还好，无论老师教什么歌都会跟着唱。但是高年级的孩子，由于接触歌曲的渠道多了，也有了自己的一些想法和审美意识，便会自己选择歌曲，也不怎么听老师的话，更别说是课本上的儿童歌曲了。

当音乐老师问道："上周末谁看了'快乐男声'6进5？"尽管教室里很嘈杂，但孩子们还是清晰地听到并回答出来了。当课本要求欣赏的《我的祖国》响起的时候，原本安静下来的学生立即又叽叽喳喳起来，有的还在讲台上扮鬼脸。

"每次让他们听歌，他们就会觉得很好笑。比如像脍炙人口的《采蘑菇的小姑娘》《春天在哪里》《让我们荡起双桨》等歌曲，孩子们也不喜欢。"记者还发现，只要音乐老师一播放流行歌曲歌碟的时候，喧嚣的教室里立刻安静下来，专心地听着歌词。

有比较熟练的孩子，还会跟着音乐唱起《青春》《我的歌声里》等流行歌曲。虽然这些歌曲老师从来没教过，但是孩子们却唱得比教过的歌曲更好、更熟练。

可以看出，与流行歌曲相比，儿童歌曲的魅力大不如从前，已经不再是孩子选择和当作娱乐的对象了。为此，记者进行了一项调查：如果让你上台唱歌的话，你会选择什么样的歌曲。调查结果显示：有70%以上的孩子会选择当下最流行的东西。

音乐老师说：现在的流行歌曲已经很大众化了，学生们都喜欢跟潮流。什么时候流行什么，他们可比大人清楚，而且唱得非常流畅。就连时下农村的学校，都存在着这样的问题。大家把流行音乐带到课堂中，把儿童歌曲抛之脑后。

音乐老师还说：在不久的将来，说不定流行音乐会取代儿童歌曲的位置。

除了流行歌曲，中小学还流行着另外一种元素，那就是——"穿越体"小说。

近两年，随着穿越电视剧的泛滥，就连中小学生都受到了影响。他们利用"体裁"不限的空当，纷纷写起了穿越体小说。杭州某学校的老师说：从去年开始，学生的作文里频繁地出现穿越小说，有的小说没头没脑，有的则用搞怪的语言，真是令人头疼。有的孩子，竟然在网上开始连载了……

为此，老师感慨道："穿越体"在班里越来越流行了。有的老师还说："穿越体"还传染了，整个年级都是这样的问题，完全没有了作文的意义。

在有些"穿越体"里，不乏那些令人可笑的故事，比如：

今夜，父亲没有去狩猎。他守在雪洞外，等待他的王子降生。陪伴他的还有他所有的臣民。洞中侧卧着我的母亲，她只有四岁——这对一匹狼来说，她正当年。此刻，她正尽力忍受腹部的抽搐，她努力不发出声音，不想让洞外的父亲——那个伟大的王——为她担心……

原来，这是篇关于狼的故事。

我们又监测到一组新信号，今天晚上，他们就会行动，狐狸尾巴就要露出来了！闵启贤心中一震，是计？……

瞧，这是一片关于解放战争的"小说"。

"我现在已经50多岁，有一天意外见到了阔别多年的孔乙己，他瘸了，满头白发……"

这位作者写的是穿越时空的《再见孔乙己》。

……

随便翻阅几篇，都是类似于这样的"小说"，老师在头疼的时候，也不得不为他们的想象力叹为观止。实际上，其中有不少学生的文笔不逊于成人，但是在学校写作文，却少了些规范。

有这样的一个小故事：

妍妍今年13岁，上初中二年级，是一位"小说高手"。每次老师布置作文的时候，妍妍都会因为受到作文的限制，没有素材写，就算是写，也写得干巴巴的，没有出彩之处。

可是翻开她的周记本,里面的内容就吸引人了。里面不仅有天马行空的想象,还有语言优美的句子。就连对她作文评价不高的老师,看到之后也不仅赞叹。

看到这样的故事,相信父亲会忍不住问一句:为什么现在的孩子那么爱写小说?小说写得那么好,作文却写得差呢?某学校语文老师说:现如今,有很多中小学生的生活都是"两点一线",不是回家就是上学,有的学生会在周末或寒暑假参加培训班。但他们的生活实在是太过于单调与平淡了,所以就无法发现生活中的素材。再加上平时观察得还不够仔细,即便是他们经历过的春游、运动会等,写起来也乏善可陈。

相比之下,小说受到的限制就少了,他们想怎么写就怎么写,那些不可能变为现实的全都变成了现实。在小说中,他们可以把自己的想象力发挥到最大的极致。

针对这种现象,记者还采访了小学生,问问他们的意见。有一名小学生说:写作文的时候,是勉强写出来的,没有什么意思。可是写小说就不一样了,不仅可以把自己的小秘密写出来,还能够抒发自己的情感。把生活中不满的或高兴的都写出来。即便是父亲想偷窥自己的小秘密,但由于是小说,他们也就"无可奈何"了。

也有的小学生说:每天脑子里都会出现各种各样的幻想,我就想把这些幻想写在纸上,自己看着舒服。

当然了,也有的中小学生喜欢写作。是啊!小说里没有那么多条条框框，没有老师用红笔去钩选。也难怪，孩子们都倾向于写小说。

总之，在孩子们眼里，父亲光知道联合国不行，还要知道"hold姐"是什么？韩国鸟叔是谁？你不但要了解奥巴马，还要知道"快乐男声的总冠军"是谁？不光要知道相机、手机，还要知道"最贵的苹果""最方便携带的ipad"……除了这些流行的事件，还有很多。无论是多少流行的东西，那都是孩子身边的。为了能够更好地教育孩子，父亲也应该把精力放在孩子的身边，观察一下他们身边正在流行些什么。只有这样，父亲与孩子之间才能更好地交流。当遇到一些不好的流行元素，父亲也可以及时纠正和引导孩子。

寓教于乐，父教可以很快乐

著名小说家巴尔扎克认为：打开一切科学的钥匙，毫无疑义的就是问号。世界上大部分的发明来自发问，而生活的智慧就在于逢事便问"为什么"。

问"为什么"最多的就是孩子了。年幼的孩子对世界不了解，总会有着提不完的问题，这是孩子探索新事物、认知世界的方式。比如：孩子看到鹿时，会问为什么它会长那么多角？此外，还会问：什么鸟飞得最高？为什么海水是蓝色的等。

鲍林在很小的时候，就十分喜欢到父亲的实验室里玩。他的父亲是一名药剂师。鲍林十分崇拜父亲调配药物，也想亲自动手做实验。

实际上，在一开始父亲就发现儿子对实验有着浓厚的兴趣了。于是，他就开始教鲍林如何调配药品，如何做实验。为此，鲍林兴奋极了，一放学就会迅速跑到父亲的实验室里，去研究和探索实验的奥妙。

跟着父亲学习的这段时间里，他学到了很多知识和如何调配药物。更重要的是，他学会了一种探索精神。在不断的探索中他取得了丰硕的成果，终于在1962年获得了诺贝尔化学奖。

孩子在探索活动中得到的不仅是乐趣，还有思维和能力的发展、创造力的发展。在美国，父亲十分注重让孩子去体验各种情境，去探索新奇的世界。

要知道，让孩子学会思考，是学习和探索不可缺少的条件之一。父母们要在与孩子相处过程中，以商量的口吻进行讨论，给孩子留下一些考虑的空间，要给孩子制造出一个机会。在与孩子交流的时候，父母们还可以根据交谈内容问孩子，比如："结果会怎样？""你的想法有什么根据？""这两者有什么关系？""你觉得怎么做会更好？""还有更好的办法吗？"等问题，从而引起孩子的思考。

当孩子回答完这些问题的时候，父母们可以说说自己的看法，也可以和孩子讨论，并引导和帮助孩子翻书找答案。实际上，喜欢问为什么的孩子都比较善于观察，也喜欢思考。他们的思维常常处于积极活跃状态，也因此，他们的学习主动性强，效果也不错。

实际上，孩子从降临到世上的那一刻起，就对周围的世界充满了好奇心。在他们的眼中，一切都是那么神奇。刚出生的婴儿，会用眼睛去观察周围的事物，用小手去触摸身边的东西，用嘴巴去尝试食物的味道，用耳朵去倾听来自不同地方和方向的声音，这些虽然只是单纯的感觉，却是孩子们探索世界迈出的第一步。

正是孩子天生的这种探索精神，让他们有了学习的动力和激情。随着孩子年龄的增长，孩子就会产生想要独立的想法。慢慢地，他们会越来越喜欢探索活动，并且努力地在生活中寻找问题的答案，而这也是孩子的心理发展的正常现象。实际上，孩子在参加探索活动的过程中，不仅仅获得了探索的乐趣，还锻炼了思维能力和创造力。因此，父母一定要重视孩子的探索精神。

著名哲学家别林斯基曾经说过一句话：人的生活就好像广阔的海洋，在它的深处保存着无数的奇迹。因此，父亲应该主动引导孩子去探索，让孩子成为一个富有创造力的人。

鼓励孩子的探索活动

年幼的孩子对周围的很多事物都感到十分好奇，他们喜欢冒险，喜欢做一些危险的游戏，并能从中获得乐趣。这时，父母们不要压制孩子的想法和探索精神，而应该引导孩子大胆去想，让他们大胆尝试。

在这个过程中，父亲不要说一些"算了，多危险，不要做了。""小心点,你会伤害自己的!""你不能做这个,这个太危险了!"

这样的话,孩子原本有的探索的心和自信心就会被父亲摧毁,从而不敢继续尝试了。如果父亲对孩子说:"没事,来试试吧,但是要注意……"这对孩子来说就是一种潜在的动力和鼓励。慢慢地,孩子就会不断地去探索新的事物。当然了,在孩子探索的时候,父亲要教给孩子一些保护自己的方法和知识,以免孩子出现一些不必要的伤害。

宽容孩子的"破坏"

在孩子成长和探索的过程中,他们特别具有破坏欲望。只要到了他们手里的东西,总会有残缺的。有的孩子出于好奇,还会把它们拆得七零八落,这让父亲哭笑不得。有些父亲看到孩子做错了事情,就会大声地呵斥和打骂孩子。这种行为只会让孩子变得唯唯诺诺,从而丧失探索新事物的兴趣。

在日常生活中,还有些父亲或为了保护玩具或为了居家的整洁,就不让孩子花大量的时间摆弄玩具,更不允许孩子拆卸。这样的做法表面上看是对的,但这却扼杀了孩子的探索精神和创造意识。

因此,父亲要鼓励孩子,尊重孩子的自身发展,让他们自由地去探索未知的事物。

巧心安排陪宝贝，制订一个"家庭交流时段"

在家庭教育中，最重要的是什么呢？最重要的就是父亲与孩子之间的有效沟通。如果父亲和孩子之间没有良好的沟通，那么就会影响亲子之间的感情。

在孩子小的时候，父亲都会通过讲故事、唱摇篮曲来哄孩子入睡。可等孩子越来越大了，知道的东西多了，想的东西多了，与父亲之间的沟通却变得越来越少了。教育学家经过一番调查后发现：孩子把父亲的话当作是没有任何意义的唠叨，而父亲把孩子看作是不懂事的孩子。在"父亲为孩子烦，孩子嫌父亲烦"的情况下，亲子之间就形成了一道横沟，变得无法交流了。

要知道，亲子之间的沟通对孩子的成长和家庭都有着十分大的影响。知名教育家曾经说过：父亲教育孩子的最基本的形式就是与孩子交谈。也就是说，如何做有效的沟通，是父亲需要学习与探讨的。但是，有很多父亲都没有办法与孩子进行良好的谈话，有的孩子甚至拒绝与父亲交谈。为此，父亲感到束手无策。

李先生说出了这样的烦恼：

李先生的儿子今年11岁了，以前他很活泼，但是最近不知道怎么了，变得安静许多。虽然他不是郁郁不乐，也不是对人没有礼貌，只是他不爱说话了。

当问他问题的时候，他的回答总是很简单。比如：问他"在学校怎么样啊？"他就回答"挺好的。"问他"运动会的比赛结果如何？""不清楚。"

像他这样的谈话，李先生也不知道怎么接下去。有的时候，孩子还总把自己锁在房间里，也不知道他脑子里想的是什么。为此，李先生感到很苦恼，不知道如何与孩子交流。

相信像李先生的情况，有不少父亲会遇到。其实，这也不是孩子的问题，而是父亲的问题。当然了，也不能说全部是父亲的责任，只能说是父亲不会引导孩子交流。就像李先生这样，如果孩子的回答简单，就打退堂鼓了，而没有进一步的引导和交流。当遇到孩子这样的回答，如"还可以""还行"的时候，父亲可以说："哦？听说最近有的学校很流行XX，不知道你们学校流行吗""看来你对这个不是很感兴趣啊？""对于XX事件，你有什么看法呢？"等。

总之，要想让孩子多说话，多与父亲交流，那父亲就应该与他们进行卓有成效的谈话，而不是说一大堆零碎的家长里短。在这个过程中，父亲可以灌输给他们正确的价值观和明辨是非的能力，并让他们知道父亲爱他们、尊重他们。

除此之外，父亲和孩子还可以一起制订"家庭交流时段"，促进亲子之间的关系。那么，如何制订"家庭交流时段"呢？我们接下来看一下。

每天都要抽出一些时间与孩子交谈

在日常生活中，父亲应该养成一个好习惯，那就是：每天都要抽出一些时间与孩子交谈。比如：可以谈谈曾经听过的故事；可以谈谈白天看到和听到的事情；可以谈谈电视剧里的剧情和角色。在交谈的过程中，父亲还可以提出各种各样的问题，看孩子如何应对和应答。

这样的话，父亲就可以从中发现和了解到许多东西，比如：孩子的价值观、思想动态等。除此之外，父亲还可以在孩子心情开朗的时候，找到他的兴奋点。当然了，每个孩子的个性都是不一样的，父亲要根据他们的性格来交谈，从而努力去创造和把握与孩子谈话的最佳时机。

懂得照顾和尊重孩子的自尊心

在与孩子进行交谈的过程中，父亲一定要坚守一个原则，那就是要懂得照顾和尊重孩子的自尊心，不要伤害孩子的自尊。比如：当孩子说话的时候，父亲不要打断他的话；当父亲说话的时候，要对孩子客气、有礼貌；当孩子提出了什么问题的时候，父亲要给予一些诚恳的、直接的回答。

在很多时候，父亲与孩子之间的谈话会遇到失败，大多是因为父亲缺乏对孩子的尊重。有些父亲总拿自己的经验说事，有意无意地让孩子去接受，不让他们有自己的意见和想法。但是父亲必须知道：如果不尊重孩子的想法，不去保护孩子的自尊，父亲就不会获得孩子的信任。即便是孩子在什么地方出错的话，父亲也不要急着去训斥。

如果父亲能够站在孩子的立场上去体谅孩子、理解孩子，那么就会发现，孩子的许多想法是非常合乎逻辑、合乎情理的。只有在理解的基础上，孩子才能接受父亲的观点和意见，并在潜移默化中受到父亲的影响。在这样的交谈中，既能起到良好的教育效果，又能增进亲子之间的感情。

多一些聆听，让孩子倾诉

如果父亲学会了聆听，那么亲子之间的有效交流就成功了一半。学会倾听，是沟通的第一步。

当孩子放学回家以后，可以主动问问他们：有什么高兴的事情或不高兴的事。让他们谈谈在学校的所见所闻。如果孩子愿意说的话，无论他在讲什么，父亲都应该表现出认真聆听的样子。在此，父亲还要切记：不要随便打断他们的话，而是要让他们感觉到父亲很乐意听他们说话，从而激发他们的表达欲望。如果孩子不愿意去说些什么话，父亲不要去逼迫他，而是要尊重他。如果孩子想说的话，自然就会说了。

总而言之，世界上最好的家庭教育，就在父子的交流过程中。最成功的教子成才艺术，就是最有效的亲子交谈。

亲子时刻别偷懒，会玩也是孩子的能力

著名作家冰心曾说过："淘气的男孩是好的，调皮的女孩是巧的。"正是因为她怀着对孩子们的热爱，才寄语父母一定要正

确看待孩子的"淘气"和"调皮"。

许多父母为孩子不断制造出的小"麻烦"而应接不暇。别嫌麻烦,这是他们在认知和探索这个未知世界。他们可爱,他们精力充沛,他们拥有强烈的好奇心,他们制造麻烦的过程正是不断走向成熟的过程。在这个调皮捣蛋的过程,孩子们懂得不断地创新,他们的动手能力更是得到了提高和发展。

他们不停地摆弄着各种玩具,从众多相似的玩具中形成初步的概括力;他们喜欢玩捉迷藏,通过仔细观察,寻找蛛丝马迹,然后寻找目标,养成认真细致观察的好习惯;他们能把一支树枝当成奔驰的骏马、火车、飞机等,把所看到的一切子虚乌有的东西想象得惟妙惟肖;他们玩的时候产生的舒畅、愉快、好奇的情绪不断激发和调动着他们的大脑神经活动能力。

由此可见,贪玩的孩子智慧多。对此,为了验证这个说法,著名生物心理学家曾做过这样一个实验。在实验室中,他将一批拥有相同遗传素质的老鼠任意分成了三组。

第一组,三只老鼠被关在普通铁笼中一起喂养,视为"标准环境";第二组,三只老鼠被分隔在三个光线昏暗的小单间里,没有任何刺激,视作"贫乏环境";第三组,十几只老鼠一起被关在一只宽敞明亮、设备齐全的笼子里,内设各种"玩具"及秋千、滑梯、小桥,视为"丰富环境"。

几个月后,心理学家发现:"丰富环境"中生长的老鼠最"调皮",而"贫乏环境"中的老鼠却最"老实"。通过精密仪器分析发现：三组老鼠大脑皮层的厚度、脑皮层蛋白质的含量，及脑皮层与大脑的比重、神经纤维的多少、脑细胞的大小、突触的数量、神经胶质细胞的数量以及与智力有关的脑化学物质等方面存在着明显的差异。"丰富环境"组的老鼠优势尤为显著。实验表明：丰富的环境下，玩得越充分，大脑的发育就发达。

以上实验可以看出，玩耍有助于孩子智力的发展，同样有助于许多非智力因素的发展。玩耍可以满足了孩子好动的欲望，同时激出他们的求知欲、好奇心及探索精神。善玩的孩子有许多优点，他们聪明、伶俐、乐观、朝气蓬勃、富有幽默感，他们乐于交往、充满幻想、勇敢大胆。所以，孩子的许多教育可以在玩中进行，不可只学不玩或多学少玩。

俄国当代教育家也曾说过，顽皮是孩子智慧的表现，是孩子所拥有的一种"可贵品质"。如果一个孩子一点儿也不淘气，就意味着他内在的智慧和创造力在沉睡，没有得到发展。如果一个孩子在他的童年整天都呆头呆脑地度过，等他长大之后，任何力量都唤不醒他沉睡着的智慧和创造力。父亲应该看到孩子顽皮的另一面，同时，不要经常像拔除野草那样"拔除"他的恶习。当美好的品质得到蓬勃发展时，那些恶习就会受到排挤而在孩子不知不觉的成长中自然而然地消失。

在一个健身的小操场上，几个六七岁大的孩子围在攀登架前，想要攀登上去，但是试了好几次都没有成功。围在他们周边的妈妈们不停地劝阻孩子不要爬高，担心他们一个不小心给摔下来。

但孩子们对妈妈们的大呼小叫并不是很在意，甚至都听不见。因为他们不希望听到同伴说自己是胆小鬼不敢上。

一个年龄较大的孩子，经过自己不懈的努力爬上了高高的攀登架的顶端，他的脸上绽放出胜利的笑容。本该得到朋友们欢呼声的他，突然听到妈妈惊慌大叫："齐齐，快下来，快下来，小心点！"

突然，齐齐的笑容立刻僵住了。他看着妈妈的方向，停在那无所适从。随后慢慢地垂下头，身体一点一点地往下挪，目光中流露出一丝惊慌："妈妈，妈妈，快过来，我下不来了。"那声音怯怯的，显露出此刻是多么的心慌。

"妈妈，妈妈，快过来……"

为了孩子的安全着想，父母们总会"好意"地限制他们做一些他们喜欢做的创新。但正是这种"好意"，才阻碍了孩子的尝试的勇气，让他们失去了一次挑战自我的机会。

很多父亲总是为孩子的淘气感到困扰、焦虑，他们在看向那些家有乖巧孩子的父母时，总是投去羡慕的眼光，心里想道："我的孩子要是像人家孩子那样乖该有多好啊，也能让我歇歇。家里让这孩子闹得片刻的安宁都没有。"

难道淘气真的是孩子的缺点吗？

答案是错误的。淘气是孩子与生俱来的一种特质，在他们成长的过程中，片刻离不开淘气。正是在淘气当中，孩子的创新能力、逻辑思维能力、动手能力等都有了很大的提高和发展。因为，孩子更喜欢在不停地运动中用活动中来进行学习。我们可以说，没有淘气，孩子的智慧及潜能就得不到充分的开发，能力也无法得到很好的发展，局限了孩子的健康成长。

生活中，许多成功人士都会有一个淘气的童年，爱迪生小的时候非常的淘气，看到任何事物都感到十分新奇，总想搞个清楚。在他4岁的时候，为了看清野蜂窝的秘密，于是便拿了树枝去捅蜂窝，结果被蜂群蜇得满脸红肿，疼痛不已；6岁那年，爱迪生又对火产生了浓厚的兴趣，却一不小心把马棚给点着了。孵小鸡这种可爱的举动更是他的经典故事。

美国微软董事长比尔·盖茨小时候也非常好动，总是不能静下来。他有个爱好就是坐在木马上摇摇摆摆地晃着，但是这却不影响他日后的成功。如此看来，他们的成功反而得益于儿时的顽皮和淘气。

淘气的孩子是聪明的，他们思维活跃、反应迅速，对于所教的内容能够一点就通，于是他们就常常把剩余精力转移另外的事情上。正因为如此，经常被老师批评上课不遵守课堂纪律、注意力不集中。淘气的孩子是头脑机敏的、他们机智勇敢，善于在一些突然发生的情况下展示自己的才能，拥有很多绝妙的"鬼点子"，常常出乎父母和老师的预料，敢于对父母和老师的"权威"进行挑战，因此，受到误解和责备。淘气的孩子具有强烈表现欲，通常他们的运动细胞比较发达，做事并不那么"安分守己"，常常背着父母和老师做一些"出轨"的事，因而遭到老师的责罚。淘气孩子是具有幽默感的孩子,他们常常会把很严肃的一件事看作非常可笑的事,他们那种纯洁的笑声会感染其他人,也会善意地取笑他人。而这些通常都被老师视为是故意破坏纪律的恶作剧而给以白眼。淘气的孩子好奇心极强,他们通常精力旺盛,不知疲惫地对任何事情都想看个明白、搞个清楚,动手能力极强,一般在研究事物时会因把东西搞坏而受到惩罚。淘气的孩子是乐观向上的,他们热情奔放,主动与人相处,乐于助人,有正义感,但有时也会因好事没做成而带来麻烦。

就是这些淘气,促使孩子们成为积极的幻想家。生活中他们总是想尽办法去了解和改造身边的事物,由于他们的大胆和敢于冒险,他们的世界总是充满神奇。这些淘气的孩子具有丰富的创造力,他们不拘一格,做事情从不墨守成规,对事物总是有独到的见解,常常获得丰富的生活体验。由于淘气孩子聪明、好奇、好动、善交往、乐助人,因此往往会更多地感受到这个世界的多姿多彩。

总而言之,淘气孩子是非常有"个性"的,正是他们这些"个性",才让他们成了创造性的人才。因此,当父亲面对淘气的孩子时,不能把他们视为"异类",然后批评和指责他们。相反的,父亲应该懂得发现他们个性中蕴涵的独特美丽,予以欣赏和鼓励。

你知道孩子常说"我不要"的原因吗

有一些年幼的孩子，总是会发脾气，闹情绪，常说"我不要"。孩子的这种行为让父亲摸不着头脑。实际上，孩子的一切情绪和脾气都是有缘由的。父亲想要控制孩子的情绪，就要对症下药，弄清楚孩子发脾气的原因。

比如：孩子发脾气，有可能是累了或饿了。在这个时候，父亲就应该带孩子去吃饭或者在出行的时候，随身携带一些孩子喜欢的零食——饼干、牛奶、糖果等，以备不时之需；孩子发脾气，有可能是等父亲的时间太长了。

当父亲带孩子去购物的时候，要学会控制时间，因为孩子没有那么大的耐性；孩子发脾气，有可能做父亲逼着自己做了些不喜欢的事情……

有这样的一个故事：

晚上睡觉的时候，爸爸总会叮嘱女儿刷牙，因为这小家伙很不喜欢刷牙。

"宝贝，要刷完牙再去睡觉哦！"

"我知道，爸爸！我刷过了。"

"真的刷了吗？爸爸可不喜欢撒谎的孩子哦。"

听到这话，女儿立即捂着嘴巴朝房间跑去。眼疾手快的爸爸，一只手抓住女儿的衣服，抱到了洗手间，监督她刷牙。为了监督女儿刷牙,爸爸可是费了不少劲儿。但每次女儿都会说"我不要"!

有的时候,女儿就会说自己刷过了。但是当爸爸检查牙刷和杯子的时候,却发现根本没有被人碰过的痕迹。

像这个故事中的事情,相信有很多父亲都遇到过吧!当孩子们说"我不要"的时候,父亲都是怎么做的呢?是用语言的暴力命令孩子去做,还是像一个移动的摄像头,监视着孩子呢?在这种方式下,父亲总会生上一肚子气,而孩子呢?也会因为父亲逼自己做了不喜欢的事情,而变得难过、失落,甚至躲着父亲。

实际上,这种方式可不是对待孩子"我不要"的最佳方法。为此,故事中的爸爸还专门去咨询了教育专家。经过了教育专家的指点和教给的方法后,爸爸换了一种方式对待女儿。

这天晚上,爸爸拉着女儿的小手说:"走,宝贝,我们一起刷牙吧!"

看到爸爸的这种改变,女儿还没反应过来的时候,就已经被爸爸抱进了洗手间。他们一起挤牙膏,一起刷牙,刷得满嘴的泡沫,父女俩还拿水玩了一会儿。这才高高兴兴睡觉去了。第二天,爸爸和女儿闲聊的时候,随口问女儿:"宝宝啊,爸爸真的很想不通耶,为什么你不喜欢刷牙呢?"

"嗯……"女儿用小手挠着额头,说"我不喜欢牙膏的味道!"

听到女儿的这话,父亲才恍然大悟!女儿用的牙膏一直是父亲的,是一种薄荷味。或许是这种牙膏的味道不适合小孩子吧。那天下班后,爸爸便去超市挑选了一款小孩子的牙膏,而且是草莓味道的。

那天晚上,小家伙儿拿着牙膏闻了又闻:"爸爸,真好闻!"

接着,小家伙不用爸爸说,就去刷牙了。可还没几秒钟,小家伙儿撅着小嘴说:"爸爸,牙刷的毛掉了,塞进我的牙齿里……很痛。"

接着,爸爸把这支牙刷就搁置起来,并告诉女儿:"旧的牙刷就用来刷鞋子。明天爸爸给你买支柔软的牙刷,这样刷牙时就不会再痛了。"

自从换了牙膏和牙刷以后,女儿再也不逃避刷牙了,也不用爸爸在身后监督着,而是主动地去刷牙了。

当然了,除了孩子刷牙的小事之外,还有其他方面的坏情绪,比如:不爱写作业啦,说谎啦,总是喜欢拆玩具啦等。当孩子犯了一些小的错误时,父亲不要用暴力的情绪对待孩子,影响孩子,而是要寻找孩子为什么会这样的原因。

有些父亲一发现孩子不听话,不懂事,便会开始喋喋不休地责骂,这样的话,反而会引来孩子的反感,让结果变得更糟糕,聪明的父亲,千万不要这么做!下面,教育专家经过一项调查,总结出了孩子说不要的"原因",以供父亲参考:

"我想要这个,你却不明白"

在家庭教育中,由于年幼的孩子还不能够完全地表达出自己的意见,所以就会因为父亲不理解自己的想法,而萌生坏情绪。

比如:早餐的时候,父亲给孩子准备了牛奶、香肠、面包等。

爸爸先喂孩子吃面包,可是孩子的内心深处是想先吃香肠。于是,孩子便闭着嘴不吃,咿咿呀呀直叫。

于是,一场混乱就开始了。

实际上,孩子不是不想吃饭,而是不想按照父亲的顺序来吃饭。孩子那么年幼,词汇量和逻辑的语言表达能力还比较差。很多时候,他们没有办法用清晰的语言来表达出自己想要的东西是什么。在这个时候,孩子就会觉得十分焦急,因为父亲"猜"不到自己的心思,那就意味着自己吃不到自己想吃的东西。也因此,孩子就会更加沮丧,情绪就会暴躁。

当孩子哭闹,不吃的时候,父亲应该耐心一点,试图听懂孩子想要说的话。比如:如果孩子不想吃面包的话,那就不要勉强他,而是换种食物,拿香肠或牛奶喂给孩子。如果孩子吃的话,那他就会感到高兴了,因为父亲明白了自己的意思。如果孩子都不吃的话,那就是孩子不饿,那父亲也不要强求了。

在这个过程中,不仅会锻炼孩子的"想要"的能力,还能增进父亲与孩子之间的感情。

"这件事我想要自己做"

在生活中,父亲有没有犯过这样的错误:当孩子刚学会洗脸的时候,只是拿水沾了一下,看不下去的父亲拿起毛巾就在孩子脸上擦;当孩子刚学会系鞋带的时候,很费劲地缠了一圈又一圈,在一旁的父亲坐不住了,便三两下地就把孩子的鞋带系好了……当孩子正对着镜子看神奇的拉链一拉就合上,一拉就下来的时候,父亲会以最快的速度，拉好了孩子的拉链，整整孩子的领子，给孩子扣上了帽子，说："走吧！"

可是在这个时候，孩子们什么反应呢？他们先是愣一下，然后哇哇大哭，甚至坐在地上不走。"孩子们怎么了？"父亲发出这样的疑问。接着，父亲就会不耐烦，硬拽着孩子起来，拉着孩子往外走，进行本来就计划好的活动。

在你拉我不走的情况下，原本很好的心情一下子消失不见，甚至会取消出行计划。实际上，这并不怪孩子，而怪父亲。

对于孩子来说，洗脸、系鞋带、自己穿衣服，都是一件件神奇的事情，他们能够自己做了，也想自己做。可是，父亲却剥夺了他们想要做的想法和行为。因此，在遇到这类的情况时，父亲不要急着去"帮助"孩子，而是让他们自己做。

"不要破坏我的'规矩'"

相信父亲也遇到过这样的情况：当辛辛苦苦把孩子的玩具收拾好了，都摆放整齐了，但孩子却不领情，还嫌父亲多事！甚至大哭大闹，非要父亲把玩具放在原来的位置上。

此时，父亲要理解孩子的行为，因为孩子有自己的"规矩"，即使玩玩具的时候，也是有自己的"规矩"的。如果父亲破坏了他的规矩，那孩子肯定会不高兴的。

第三章

DISANZHANG

父亲的高度，决定孩子的起点

父亲的格局，决定孩子的未来

著名作家贾平凹曾经说过："作为男人的一生，是儿子也是父亲"。作为儿子的男人，是一生都受自己父亲的影响，不是沐浴在阳光中，就是生活在阴影中。父亲对于男孩的影响是方方面面的。父亲是男孩走向男子汉的桥梁，是儿子称为男子汉的力量之源。

强强今年四岁了，但还是不敢一个人走楼梯。当和小朋友们发生矛盾时，他就会哭着找爸爸，为自己出头……

是什么让强强变得如此胆小、懦弱呢？究其原因，是他没有"下地走路"的机会。我们经常会看到父母们把孩子抱在怀里，慢慢地，孩子就习惯了这种方式，不想走路时要抱抱，累了要抱抱，难过了要抱抱。可是这样一来，孩子却失去了学习的机会，习惯于"抱"养的方式。而习惯被"抱"养的男孩，就会变得自私、娇惯、怕吃苦、怕负责任、受不起挫折、不懂得感恩、经不起风雨。

达尔文曾经说过：幸运喜欢照顾勇敢的人。因此，父母要采取"放"养的方式，不要事事参与，而是要多鼓励男孩去探索，从小培养他们成为一个男子汉。

事实上，对于男孩来说，一个积极的、正面的父亲就是一个看得见、摸得着的好榜样。在榜样的熏陶下，无疑就是为男孩搭建了一座走向男子汉的桥梁。

有这样的一个故事，我们不妨来看看：

一天，男孩捡到了一只鹰蛋，把它放到家中的养鸡场中，与鸡蛋混在一起让母鸡孵化。终于，在经过一段孵化过程，小鹰破壳而出了。出生后的小鹰和小鸡们快乐地生活在一起，而且没有意识到自己和小鸡们的不同之处。

一天天过去了，小鹰也长大了，它的身体变大，羽毛变得丰满。可是在这个时候，小鹰发现小鸡们总是用异样的眼光审视着自己。于是，小鹰心里就想：小鸡们为什么要这么看着我？难道我有什么不同吗？这个奇怪的感觉一直持续到一只老鹰的出现。

那天，老鹰挥动着翅膀从养鸡场上飞过，小鹰仰望着它的身影，顿时觉得自己的翅膀有着一种飞翔的冲动，心情也瞬时激动起来。小鹰自言自语地说："要是我能像它一样飞翔，那该多好啊！这样的话，我就可以远离这个偏僻狭小的地方，飞息在山顶上，俯瞰大地和人间了……可是……"

是啊！可是……可是小鹰从来没有张开过翅膀，根本没有飞行经验。如果从半空中落下来，那不是会丧失自己的性命吗？此时的小鹰，犹豫着、冲动着，在经过一番激烈的内心挣扎后，鹰还是决定冒着巨大的风险，尝试飞翔。

它拍打着翅膀,用力地想要飞往高空中。天啊!它成功了!小鹰一边飞翔着,一边看着这广阔的世界,觉得它兴奋极了!而此时,小鹰也明白了自己和小鸡们的区别,原来自己是一只鹰。

小鹰的故事告诉我们:每一个成功者背后都有一段从稚嫩走向成熟的过程,如果自己不去放开所有,拼搏一下的话,永远不知道接下来会遇到什么样的问题。在教育孩子的过程中,也是如此,如果父母总是将孩子圈在自己的身边,抱在手里,那孩子就会像温室里的花儿经不起风吹雨打。只有让孩子在经受磨炼和风雨的洗礼后,才能让他们像鹰一样张开翅膀,自由地翱翔于苍穹。

因此,为了孩子的成长,父亲不要将孩子抱得太久,管得太多,而是要学会放手,让孩子真真正正地成为一个男子汉。

在放手的过程中,父亲应该注意以下几点:

让孩子养成爱劳动的好习惯

陶行知先生说:"滴自己的汗,吃自己的饭,自己的事自己干;靠天,靠地,靠父母,不算是好汉。"

也就是说,要从小自立,学会打理自己的生活。父亲可以鼓励孩子独自穿衣、叠被、吃饭,并且做一些力所能及的家务活。无论孩子做得好坏,父亲都不要参与到孩子的行动中,而是让孩子慢慢体会劳动的滋味,从而养成爱劳动的好习惯。

解放孩子的思维,让孩子独自去探索

父亲的放手是有意识的,是有明确的目标和方向的,但孩子是无意识的,只知道开心就行了。所以,父亲应该把目标方向融合、

贯穿到孩子的生活和学习中去。仔细分析：如何放手才是恰如其分，做到"放手不放眼，放眼不放心"。

放手不是放任自流

放手教育并不是不闻不问，更不是拔苗助长。父亲在放手的同时，也要注意孩子在生活中的一举一动，约束好孩子的一言一行，让孩子慢慢学会与人相处之道，学会宽容、理解和忍让，提高自觉性和自律意识，形成男子汉具备的健康的人格。

身教胜言传，父亲是孩子的自制力之源

动不动就大发脾气；挑三拣四；大吵大闹；蛮横不讲理；父母说东他朝西……这些问题让父母头疼不已。

在生活中，像这样的孩子比比皆是，总是不懂得如何控制自己、支配自己的行为。也就是说，孩子有这样的现象就是缺乏自制力。

什么是自制力？自制力是指人能够有效地、合理地控制自己的情绪和行为，是坚强的重要标志。

罗斯·派克在《父亲的角色》一书中指出，父教的缺失，会让男孩自制力缺失。他指出，当研究员给男孩们派发一些糖果，并给他们两种选择，一是马上吃掉糖果，可以得到一小块糖果；一是等几天之后再吃，可以等到一大块糖果。研究证明，父教缺

失的男孩子们更倾向马上吃掉糖果，以此得到心理上的满足。

那么，如何教会孩子具有自制力呢？下面的父亲为我们做了一个示范：

在一个村庄里，有一个男孩，是出了名的脾气暴躁。为了教他克服自己的不良情绪，教他具有自制力，父亲想出了一个办法。

一天，父亲把男孩叫到一面墙壁面前，说："孩子，我知道你的脾气有些暴躁。当然了，这并不是你希望的。可是，你的这种坏情绪会影响到别人。现在，我教给你一个方法，那就是当你想要发脾气时，就在这面墙壁上按上一个图钉。"接着，父亲给了男孩一盒图钉。

一个星期过去了，墙壁上被按上了密密麻麻的图钉。在某天晚上，父亲指着墙壁上的图钉对男孩说："孩子，现在你看到自己的坏脾气了吗？"

男孩不好意思地低下了头。

父亲又说："我再教给你一个办法，那就是当你在一天中没有想发脾气，就从墙壁上拔下一个图钉。"

在父亲的建议下，男孩照做了。第一天，男孩坚持不住还是发了脾气；第二天，男孩克制了自己的坏脾气；第三天，男孩已经没有再刻意控制了，而是不发脾气了；第四天，男孩从墙上拔下了一个图钉。

很快，一个月过去了，而墙壁上的图钉也被拔干净了。这天晚上，父亲把男孩叫到了墙壁前，语重心长地说："看，孩子！

现在你已经学会如何控制自己的脾气了！我真为你高兴。可是，虽然墙上的图钉被你拔掉了，但是墙上已经有了伤痕。当你发脾气时，不管是有意的还是无意的都会给他人带来伤害。"

听到这里，男孩惭愧地低下了头。从那以后，男孩再也没有发过脾气了。

故事中的父亲做得非常好，他没有直接去指责孩子的不良行为，而是通过在墙上按图钉的方式来告诉孩子一个道理，那就是当你发脾气时，就对别人造成了一定的伤害。看到这里，有的父亲就要问了：难道我也要教孩子按图钉吗？当然了，虽然按图钉也是一个方法，但不是对每个孩子都管用。事实上，在孩子很小的时候就应该灌输自制力这方面的教育，而不是等到孩子有了不良的行为后，才去纠正。为了配合父母培养孩子的自制力，教育专家提出了几点建议：

父亲要为孩子树立好的榜样

幼小的孩子不懂得分辨好坏行为，就只能从父母的身上去学，去模仿。在这个时候，父亲的行为对教育孩子有着至关重要的榜样作用。

不让电子产品中的暴力影响孩子

现在的电子产品已经融入人们的衣食住行了，很多父亲喜欢玩电子游戏，而孩子也会学着父亲的样子做着一个"小网民"。当孩子在学习如何使用电子产品时，父亲要在身边监督，一旦电影或游戏中出现暴力影响或不适合小孩子看的东西，就要立即制止。

不要用钱来衡量

在生活中,有很多父亲会实施这种方法,比如:孩子上课好好听讲,学习成绩提高就会给予一些金钱的奖励;孩子不苦恼,不蛮横无理,就会给予一定的报酬……时间一长,当金钱的报酬没有之后,那孩子的"自制力"也随之消失。

让孩子快速成长的秘诀:和爸爸在一起

随着时代的变迁,现代社会的男人应酬较多,工作繁忙,教育子女的重担便落在了女人肩上。据一篇报道称:在我国的家庭教育中,母亲占到比例的50%左右,父亲占到比例的20%左右,而父母在一起教育的占30%。可见,父亲在教育子女方面付出的远远不够。

家庭教育专家加利斯曾经说过:从孩子出生后到入学前的这段时间,是最重要的成长阶段,而父亲在这段时间内扮演着尤为重要的角色:对子女付出的爱心和关怀,可以让子女富有一个自信和开朗的性格,有助于子女在应对不同的环境时做出不同的反应。一个尽职尽责的好父亲对子女的教育比母亲对子女的教育更有效。

古话也说:养不教,父之过。由此可见,父亲在家庭教育中的重要性和作用。

那么，父亲在家庭教育中到底应该扮演怎样的角色呢？

角色一：做孩子的潜在保镖

当社会上一系列的坏消息传来，比如：有危险分子窜入校园，杀害幼童；绑架家底殷实的孩子……作为父亲，更应该提高警惕，保护孩子的安全。但是，由于父母的工作和孩子的学业问题，父母不可能无时无刻地陪在孩子身边。因此，父亲应该教导子女自我保护的方法。父亲应该告诉孩子：1.不要轻易相信陌生人的话。当有陌生人来告知父母出事等消息，一定要给父母打电话确认；2.不要搭乘陌生人的车子。不管是上下学，还是上街买东西都要结伴，不要单独行动，以免被不怀好意的人盯上；3.当有陌生人敲门的时候，不要轻易开门；4.当别人询问家中电话或信息时，不要随便透露；5.当有陌生人赠送一些礼品或金钱时，不能接受，更要避免触摸。有些坏人会在物品上抹上药物，用以迷惑别人；6.在外出时，一定要告诉父母自己的去处或带着一个哨子。遇到危险时，就可以吹哨子求救。

像以上这些自我保护的方法，父亲一定要和孩子多加练习，让子女养成警惕性高和随机应变的能力。

角色二：做孩子的职业向导

父母应该为孩子往后的前途着想，不能只看到眼前的安逸。要知道，孩子总有一天会离开父母，走向社会，学会自力更生并在社会上站住脚。因此，在选择职业上，父亲可以给孩子一些建议性的意见。

在多数父母的眼里,都有着"望子成龙,望女成凤"的渴望。但事实结果,却不是那么如意。在生活中,有的父母会用自己这一生积累的财富和人脉,为孩子尽量谋得一个好职位,好人生。即便是百年归老之后,孩子也不至于饿肚子。其实,完全让孩子依赖自己,只会让孩子变成无德无行、百无一能的寄生虫。

有的父母会留给孩子一大笔钱财,任由孩子挥霍。以至于产生败家子、争夺家产、家庭不和睦等事件。

实际上,父亲即便是给孩子千万家产,也不如让孩子薄技在身。因此,父亲可以把自己的职业经验与社会经验告诉孩子,做孩子的职业向导,告诉孩子和鼓励孩子走向适合自己、自己能够担任的职位。

做孩子的运动教练,让孩子适当运动

俗话说得好:身体是革命的本钱。不管是对父母还是对孩子,这句话一样适用。人们常说,父母的健康就是孩子的财富,如果父母身体不健康的话,不仅给自己造成灾难,也会给孩子造成一定的负担。而孩子的健康也是一样的!如果孩子不健康的话,那一样会累垮父母的身心,搞得全家不得安宁。因此,父亲应该做孩子的运动教练,给孩子制订一个规律的生活方式,按时起居,每天定时运动。同时,父亲应该注意,在教导孩子运动的时候,应该适时适量,要持之以恒,这样孩子才能够适当地控制体重,不至于引来过分肥胖和其他不适,影响孩子身体健康。

做孩子的交友顾问，让孩子选择有益的朋友

由于缺乏社会经验，孩子不懂得分辨什么是好，什么是坏。对于小伙伴们的优点和缺点也看不出来。这时，父亲就应该给孩子一些参考信息了，比如：朋友的特征、说话方式等，并从中指导。

当孩子把朋友带到家里的时候，父母首先要表示尊重，亲切招呼，随后要注意孩子的朋友有没有什么不良的行为，不要让孩子效仿，从而被带坏。父亲切忌用严厉的口吻命令孩子，以免引起孩子的逆反心理。

孩子爱模仿，你的身体语言比口头语言更重要

在家庭教育中，父亲和孩子之间的肢体语言也是一种良好的沟通，父亲的肢体语言，比如表情、口气以及交谈时的动作都是传达感情的方式。

教育学家、心理学家经过调查研究后表示：在人际交往中，身体语言能比口头语言传递更多的信息。在日常生活中，用语言所传达的信息不会超过所有信息的30%，而剩下70%的信息是通过非语言的方式进行表达的。特别是与年幼的孩子沟通时，这种比重相差会更加悬殊。在孩子的语言能力没有成熟之前，父亲与孩子交流的时候，非语言的表达方式占到了97%的比重。

实际上，孩子对于父亲的表情的敏感程度，远远超过了父亲

的想象。曾经,心理学家做过这样的一个实验:让人面无表情地看着约 6 个月大的、正在笑的孩子,没一会儿工夫,孩子就不再笑了。当离开后,再次回到这个孩子的身边时,孩子根本就不看,还故意不理会。也就是说,面无表情或郁郁寡欢的父亲很容易伤害到孩子的心。虽然孩子很年幼,但是他却能清晰地从父亲的表情和动作上感觉到大人的态度。

对于那些年纪稍大一点的孩子更不用说了,他们更善于观测和捕捉到父亲的表情。因此,在与孩子的交往和沟通中,父亲不仅要留意身体所传达的语言信息,还要学会如何读懂孩子的身体语言。

比如说:一个 5 岁左右的孩子撒了谎,对父亲说:"窗帘不是我弄脏的。"当说完以后,他会立刻用一只手或双手捂住自己的嘴巴;如果他们不想听到父亲的唠叨,那么他们会用手捂住自己的耳朵;如果他们看到了一些可怕的东西,他们就会立即捂住自己的眼睛。即便是他们长大了,这些身体语言依旧会存在,不会消失。当然了,他们的身体语言不会那样明显,也不会那么容易被别人识别。在教育孩子的过程中,父亲可以适当地运用肢体语言,这样就可以强化父亲口头语言的使用效果。

对于那些年纪偏小的孩子来说,父亲的肢体语言不仅可以使他们得到一些安慰,还会有一种寄托感,比如:一个温暖的拥抱、一个鼓励的眼神,都会使他们觉得温馨。

因此,在日常生活中,父亲可以利用肢体语言缓解孩子的心情。比如：当孩子想爸爸了，被别的小朋友欺负了的时候，父亲可以把孩子搂在怀里，脸贴着脸，并缓缓地拍着孩子的背部。当然了，父亲还可以轻轻地说些安慰话。这样的话，孩子的心情就会平静一些。

在与孩子谈话、沟通的时候，父亲最好蹲着，与孩子平视。当孩子说话不着边际的时候，父亲要微笑着等他说完，然后再发表自己的见解。在发表见解的时候，父亲还可以伴随一些手势和面部表情，让孩子觉得自己像大人一样被尊重；在与孩子玩游戏的时候，他们可能会调皮一点，还会故意耍赖。在这个时候，父亲可以刮他们的鼻子，或者是摸摸他们的头，亲亲他们……这样的话，孩子们就会感到很开心，并且围着父亲又蹦又跳，显得异常的开心。

除了正常的语言交流外，父亲要在适当的时候给予孩子一个拥抱或者轻轻的吻，这些都可以很好地激发孩子的积极性，让他们体会到父亲的温暖。当调皮捣蛋孩子犯了错误的时候，父亲的一个严厉的眼神，也许比责骂更有效果。

也可以说，父亲的一颦一笑，甚至一句话的不同口气，都在向孩子表达自己的感情。在日常生活中，父亲要适当地运用肢体语言，多给予孩子一份关爱和爱心，父亲也会在教育中多收获一份欢乐。

在家庭教育中，父亲要注意的是：如果想和孩子交流、沟通的话，就不要用不耐烦的语气和表情来对待孩子。要知道，父亲的不耐烦，不但得不到孩子的真心话，还会引起孩子的反感和抵抗；当孩子犯了错的时候，父亲不要对孩子们大吼大叫，这样会使孩子感到害怕。就算孩子认识到了自己的错误，想要改正，也会因为害怕而忘记或不想去改正。

总而言之，在任何时候，孩子更愿意相信父亲的表情和肢体动作，而不是父亲所说的话。因此，父亲不要吝啬自己的肢体语言，用肢体语言给孩子一份特别的鼓励和关爱吧！

言行一致，在孩子面前做个诚恳的人

相信"狼来了"的故事还历历在目，这个故事告诉我们：撒谎是没有好下场的！著名心理学家曾说过：人类会不自觉地说谎。一项调查结果显示：一个普通的人每天说谎的次数达 25 次之多。可以说，人类是世界上最爱说谎的动物。

在童话故事里，有会说谎的匹诺曹，由于撒谎鼻子变长。但在现实生活中，我们却没有这种魔力。可能也因为这样，人们才肆无忌惮，不考虑任何后果。其实，撒谎的危害性很大，尤其是在家庭教育中。

谎言的危害并非耸人听闻，父母作为孩子的养育者，他们充当的不仅仅是家长还有老师。如果父母对孩子说谎，那么孩子就会对父母不信任，甚至也学习到说谎的坏习惯。有科学家研究表明，说谎不仅仅对人类的心理和生理健康有害，而且会给人类带来道德与信任的危机。

有这样的一个故事：

星期天的下午，李刚带着六岁的儿子上街买书包。

父子俩骑车来到一家文具店，书包要120元钱一个。经过父亲再三的讨价还价，最后老板咬牙亮出底价："80元钱，不能再少了，这已经是甩卖价了！"

人们常说：货比三家。为了不吃亏，李刚带着儿子来到另一家文具店，找到了一个和刚才那家文具店一模一样的书包。这儿的老板还特别热心，笑眯眯地告诉两父子："本店书包全城价格最低。"

老板指了指李刚手中的书包说："这一款书包，款式好，够结实！只要60元就可以拿走，不贵吧！"

李刚重复了一遍：60元确实便宜，不过无商不奸嘛！这时，他仔细看了看书包，确实和前一家没什么两样，于是便说："我们在刚才那家店，这样的书包才要50元！"

还没等文具店老板说话，站在一旁的儿子着急说："爸爸，爸爸！你怎么说谎呀？刚才那个叔叔不是要80元吗？"

李刚望了望老板，又看了看儿子，满脸的尴尬与无奈。赶紧掏出60元，拿上书包带着儿子灰溜溜地走出了店门。

这个故事告诉我们：说谎并不是一件好事，说谎不仅能带来别人的鄙视，还会给自己带来尴尬。故事中的父亲撒了一个小谎话，为的就是以便宜的价格买下书包。没想到天真的儿子拆穿了他。

如果父亲不说刚才的那家店，而是再谈谈价格，看是否能降低。如果能降低的话，自然是好，说明店主能卖。如果不能降低的话，60元钱已经比前一家的80元钱便宜了。实际上，讨价还价随处可见，像故事中的父亲的情况也是很多。

不管怎么样，因为几十块钱却让儿子认为自己撒谎了，并学习到这种不良的习惯，也是得不偿失的一件事。因此，父母们要注意自己的言行，给孩子做一个好的带头作用。

无论在哪个地方，家庭都是孩子成长的重要环境，父母的言传身教可能会伴随孩子的一生。著名的加拿大心理学家阿尔伯特·班杜拉认为，儿童可以通过观察、阅读、听他人讲述来学习模仿人类的行为。由此可以看出：孩子的可塑性极高，他们有着较高的模仿性，作为孩子人生第一任老师的父母，一定要时刻注意自己的言行。

在这里，我们要告诫父母：在孩子的面前，说话时要讲究避讳，时刻注意分寸，表达方式一定要妥帖。否则，在无形之中可能为孩子树立不好的"榜样"。

不过有些父母会说：有时候的谎言并不是谎言，而是用来吓唬孩子或者是一句玩笑话呀！

一点儿恶意都没有的。

没错，父母有时候的谎言并不是谎言，但是年幼的孩子不懂得分辨呀！要知道，孩子的想象力是丰富的，他们经常会缠着父母问：我是从哪儿来的啊？有些父母觉得难以回答，便撒谎说道：你是从商店买来的。孩子眨着无辜的眼睛，深信不疑。可随着时间的增长，孩子有了一定辨别是非的能力，便会想：父母为什么撒谎呢？为什么骗我？是因为不爱我吗？

当然不是了！父母是爱孩子的，但有的问题确实不好回答，父母便选择以轻松的"小谎话"来躲过孩子的追问，还给孩子带来了不好的影响。

为了给孩子做一个好的榜样，父母们要做一个真诚、不说谎的人。那么如何要做到真诚，不说谎呢？那就要从生活中的小事做起。

不能在外表上下功夫

人都说：眼睛是心灵的窗户。一个人真诚不真诚，从面部表情就能看出来。如果你的表面上诚恳，但内心不诚的话，只会给人留下"巧言令色"的印象。

不能用欺骗的手段

欺骗也许能得到一时之利，却不能维持长久。当别人知道你欺骗过自己，日后很难再信任你。因此，一定要用实际行动来表现自己的真诚。

不要小瞧孩子的能力

一些父母总是认为：小孩子懂什么？但其实，孩子要比父母想象中懂得多。只要父母稍微有些异样,孩子立即就能察觉。所以说,不要忽略孩子明辨是非的能力。

很多时候,父母会对孩子撒一些善意的谎言。可孩子却不管到底是不是善意的,他们只知道:父母是撒谎了。这样的行为会给孩子造成两种影响:一是说谎并不是什么大错,自己也可以拥有这种"品质";二是对父母的认识产生偏差。因此,不论在何时何地,孩子在场不在场,作为父亲,都应该做一个诚实守信的人,不撒谎的人,这样孩子才能信任自己,从而建起良好的家庭关系。

心态决定状态

俗话说得好:父母是孩子最好的老师。一个好的老师对孩子的影响是至关重要的,一个好父亲的心态决定着孩子的状态。

与母亲相比,父亲对孩子的影响更大,无论是在生活、交际,还是个性方面都离不开父亲的良好心态的影响。即便非常小的孩子也能细微地察觉到父母内心一些阴暗的部分,这会让他们感到恐慌、无所适从,严重者甚至会引发孩子的心理问题。归根结底都是父母的心态决定着孩子的状态问题。

有一个这样的故事:

前几天去看一个朋友,朋友是两个孩子的父亲,大女儿从小生活在美国,直至6岁随父母回国定居后在一家公立小学上学。

以前这位父亲提起自己的女儿，别提有多自豪的，夸奖孩子"心理素质很好"，即便从小生活在比较自由的西方，在国内的公立小学中也没什么不适应，每天都和朋友开开心心去上学。

再碰到朋友时，他却一脸愁云惨淡，说很为自己的大女儿的学习烦恼。事情的原委是这样的。在国内，很多学校都有这样的作业，因为孩子太小，老师一般交代家长监督复习并签字，但是大女儿并没有把这个事情告诉爸爸。当老师批评她后，她依旧我行我素。为此，老师感到很不解，于是就把这个父亲叫去狠狠发了一通牢骚。

朋友面带忧虑地说："你说这可怎么办啊？这个孩子以前在美国不是这样啊，怎么现在……我真拿她没办法！"

这可一点也不符合朋友一贯对待孩子的风格啊。于是又问他："你最近是不是有什么不顺心的事啊？"

"对啊！"朋友接过这个话茬，说最近自己遇到了很多麻烦事。我这样建议他，"因为你自己心里比较焦虑、烦心，正是因为你的这些不良情绪影响到了孩子，从而让孩子产生错误的判断。等你的心情好了以后再仔细想想，孩子这件事到底该怎么解决，也许那时你会有不同的想法。"

后来又见到朋友，他说已经没事了——因为在后来，他心情平和地找孩子沟通过。在一番谈论后，他发现：孩子之所以隐瞒他，是因为老师布置的作业已经会了，不想再让爸爸陪着做一遍。此后，他不再要求孩子必须完成那重复的作业，自然地，他的心态就平和了很多,而女儿也变得懂事多了。最后他这样说道:"确实,父母的心态直接影响了对孩子的看法,曾经我一直以女儿为傲,可是那时心情太差了,再加上又被老师牢骚了一番,就变得焦虑了。"

这位父亲对孩子的影响是很大的。当孩子由于学会了学校所教的知识,没有做作业的时候,父亲以不好的态度对待她,让女儿把自己的话当成了耳旁风。当这位父亲稳定了自己的情绪,找女儿好好地谈话,并知道了女儿为什么不完成作业的原因,事情就很顺利地解决了。

在家庭生活中,有很多父亲都会因为孩子在学校的表现,加以干预和批评。其实,孩子的行为和反应都是有原因的。因此,在孩子发生了什么不好的行为时,父亲一定要先弄清楚缘由,切记要以良好的情绪和理性的态度。

如果父亲不用良好的情绪和理性的态度来对待孩子的话,那孩子的反应总会让父母们大吃一惊的。

下面,我们来看看李先生是怎么教育孩子的。

李先生是外地来的打工的,有个特别顽皮好动又活泼的儿子。由于资金问题,只能让孩子在一所普通小学念书。学校管理很严,教育方式也有点不同于其他学校。在这所学校里,填鸭式的教学方式让李先生的孩子难以适应,因此孩子的学习成绩总是差强人意。

也因此,李先生经常被老师叫去学校"谈话"。面对老师的"训话"，李先生心中十分恼火，却也无可奈何。有时，李先生会将从老师那得来的坏情绪撒到孩子身上，并以暴力的形式教训他。但在他的这种粗鲁的教育下，儿子的学习成绩不仅没有任何进步，反而更差。

就这样，李先生又被老师叫去"谈话"。回到家之后，他又去训斥儿子。在这样的恶性循环之下，李先生发现儿子变得越来越坏了，竟然学会了"上有政策下有对策"的应对方式，这让老师和李先生都感到无奈。

其实，李先生完全可以保持一颗平静的心，找儿子好好沟通，并努力找到一种适合孩子的教育方式，或者根据孩子的自身情况，与老师一起商谈关于"拯救"儿子的问题。可是，他并没有这样做，而是用一种粗暴的形式去教育儿子。

在反抗之下，儿子渐渐学会了撒谎，学会一些不良习惯……

看到这里，我们不由得想道：如果李先生不改变自己的那种教育方式，那孩子在未来成长道路上，又怎么能以一种积极、向上的心态面对人生呢？有很多父母都很难做到随时提醒自己：做到心态平和。因为他们每天都沉浸在忙碌的工作中，想着要完成每天的工作任务。在周围的压力下，父母们总会有情绪低落的时候。在这样的情况下，父母们就很难以理性的态度去判断孩子的"错误"，甚至忍不住实施暴力。遇到这种情况时，父母就需要不断地提醒自己：要以平和的心态对待孩子。

要想保持一个良好心态，父母们首先要不断地加强学习，从而了解孩子的发展规律、通过沟通了解孩子的内心想法。如果父母能够控制好自己的情绪和心态,那么在对待孩子曾经的"错误"时,心态就会平和很多。只有父母们保持自己的心态平和,才能给予孩子积极向上的影响。

其实,不仅仅是学习中,生活、交际、个性等方面塑造和培养,都离不开父亲良好心态的影响。因此,父亲很有必要对自己进行不断地心理自我调适。

下面我们来列举几点,以供大家参照:

首先,请父亲首先问问自己:"我的心理有什么问题吗?"大家在看到这个问题的时候,都不要紧张,更不要担心。要知道,父亲都是普通人,普通人在面对社会的生活矛盾、工作、生活的压力、人与人之间的交往等问题时,并不是能够一帆风顺地解决。如果我们的心理先产生了变化,那么就势必会潜移默化地影响孩子。因此,作为父亲,"每日三省吾身"是非常重要的。

其次,父亲要有一个好的心态,这样才能够在面对一切事物的时候,始终保持一颗平常心,能在为人处世方面拥有一种平稳的心态,真诚地对待每一个人,建立起良好的人际关系,就可以克服性格上的孤僻与粗暴,从而让自己拥有一个良好的个性,而这些良好个性又会自然而然地被我们的孩子所模仿,潜移默化地对孩子产生好的影响。

因此,父亲要从自身做起,从点滴做起,不断地完善自我,让自己良好的心态,成为孩子好状态的基石,为他们健康茁壮的成长营造一个良好的氛围。

只有这样,父亲在各方面才能不断地完善自我,成为孩子喜爱的"全能爸爸"。

家是最好的学校,好爸爸胜过好老师

家,是孩子成长的第一所学校。父母的教育,对孩子的一生都有着非常重要的影响。可以说,家庭教育是孩子接受学校教育和社会教育的基石。

父母是孩子的第一任老师,尤其是父亲。父亲在家庭教育当中,起着非常重要的作用。父亲的思想观念及言行将会直接影响到孩子。

在生活中,有些家长认为孩子到了学校,那教育就是老师负责的事,就不再花更多的心在孩子的教育问题上,殊不知一个班有四五十个学生,老师怎么可能兼顾每一个学生呢?与其这样,倒不如家长们努力提升自己,学习一些心理学和教育学知识,让家成为最好的学校。

在人的一生中,有着很多不同形态的竞争。无论是在学校还是其他地方,都想做"第一名",但是"第一名"只有一个,所以在竞争的过程中,有很多人都会沦为失败者。

那么,怎样教孩子真正认识到自己,并快速找出自己的优势,从而得到有效的发挥，就显得尤为重要了。

父亲在教会孩子学会认输的同时，要培养孩子对失败的抵抗能力，提升他们在逆境中的抗压能力和心理承受能力。孩子在必要的时候，要懂得认输。这也就证明他们有了一定的抗压能力，这对孩子的良好发展有着很重要的铺垫作用。

我们来看看下面这位父亲是怎样教育孩子的。

应幼儿园要求，王明去参加家长会。结束之后，幼儿园的老师把王明拉到角落里说："我给您提个意见，您别介意啊，您的儿子好像有多动症，他在自己的座位上连三分钟都坐不了，要不您带他去医院看看吧。"

回家的路上，儿子坐在车后座怯怯地问爸爸：老师都说了些什么？王明回想起家长会的内容，全班20位小朋友，只有他的儿子表现差强人意，便觉得心里一阵痛。到底该不该告诉孩子事情？王明做了挣扎。最终，他这样告诉儿子："你们老师表扬你了，说你原来在座位上坐不了一分钟就跑了，现在却能坚持三分钟了。其他家长都非常羡慕我呢，因为只有你一个人进步了。"孩子舒了口气，高兴地从背后抱着他。

在小学的家长会上，老师说道："你儿子排在第40名，成绩很差，你最好能带他去医院查一查。"

走出教室，他神情黯然了。可当他回到家时，却对早等在桌前的儿子平静地说："你们老师说了，你并不是个笨孩子，只要能够再细心些，你的成绩会更好。"说完这些，他发现，儿子黯淡的眼神一下子充满了光亮，仿佛下了什么决心似的。王明还发现，儿子每天上学时，去得都比以前要早。

后来儿子上了初中，又一次面临家长会。这次家长会，让他出乎意料：直到最后，他都没听到关于儿子不好的事情。这下，他有些懵了，甚至有些不敢相信。于是，在临走前问老师，老师告诉他："按你儿子现在的成绩，考个普通中学还行，考重点高中不可能。"

听了这话，他惊喜地走出校门，并在心里做了个决定。在路上，他把手搭在儿子的肩膀，鼓励道："儿子，你们班主任现在对你非常满意，他说了，只要你再努力努力，就能考上重点高中……"

最终，他的儿子以优异的成绩考入北京大学。实际上，在考试前，王明就对儿子说过，相信他能考取重点大学。当儿子把一封北京大学录取通知书交到王明手里时，突然跪在地上哭着说："爸，我明白我不是个特别聪明的孩子，但是在这个世界上只有你能欣赏我，给我鼓励，教我如何面对挫折，虽然那只是骗我的话……"

听完这些话，王明再也抑制不住多年心中的泪水，抱着儿子任由泪水流下……

故事中的儿子是幸福的，父亲的教育和引导，培养了他遇挫不后退，努力向前的品质。这种抗压能力不是先天就有的，而是通过后天的学习培养和教育而慢慢获得的。

教育孩子也是一门学问，要想自己的孩子健康地成长，父亲要转变自己的观念,采用科学的教育方式。

父亲都对了,又能怎样?

在家庭教育中,很多父亲总会站在自己的角度上,以此要求对方,要求孩子。可是他们这样的做法,真的对了吗?他们的这种做法,对孩子的教育有帮助吗?我们暂且不说谁对谁错,而是先要明确一点:为了孩子的教育,我们应该尝试改变自己。如果父亲采取一种"自以为对"的教育方式,那孩子总会在"对"中错下去。

李先生的儿子今年15岁,别看他儿子年纪不大,但抽烟、喝酒、逃课、上网全都学会了。更令人头疼的是,儿子竟然和社会上的闲散人员整天混在一起,还经常夜不归宿。

有的时候,李先生气急的时候还会打儿子一顿,但儿子还是不听话,依旧这样。为此,李先生很是苦恼:就算是儿子荒废了学业,我也认了!可是他这样跟着别人学坏,真怕他会出什么事!

实际上,李先生非常关心儿子。在儿子住宿的时候,他隔三岔五往学校送好吃的,好穿的。除了上班,李先生基本把精力都用在他身上了。儿子说要什么,马上买;说要吃什么,马上买过来;说要出去玩,给他足够的钱,让他尽情地玩。可是,儿子还是变坏了……

无奈之下，李先生找了一家心理医院进行咨询。在心理医生的询问下，才知道原来李先生和儿子的关系变成这样以及儿子变成这样，根本原因只有一个——父母的离婚。

心理医生对他说：孩子缺少的并不是物质方面的需求，而是精神上的关爱，完整的父母，完整的一个家。在孩子年幼的时候，正是学习和成长的时候。无论是在家庭中，还是在学习中，孩子都需要强大的精神力量来支撑。可是，就在这个关键阶段，父母却选择了离婚，选择了拿走对孩子的一部分爱。也就是在这种情况下，孩子才会慢慢丧失了完整的家庭，丧失了对待困难的信心和勇气。也因此，孩子的学习成绩就会下滑了。

听完心理医生的分析之后，李先生点头称是，但他更不明白的是：学习成绩无所谓，这并不能决定他的人生。可孩子现在跟着社会上的人学到了不好的习惯，也学坏了，学会了偷家里的钱给别人花……这样的孩子，怎么能放心呢？

看李先生如此苦恼，心理医生又说：当是非能力较差的儿子离开纯净的学校后，他面对的就是一个诱惑性和残酷的社会。在这样的情况下，孩子又怎么可能做一些有益的事情呢？其实，孩子变成这样，也不要把责任推到孩子身上，而是要意识到自己的错误，自己的责任啊！

后来，在心理医生的指导之下，李先生明白了自己错误，并找来了前妻商量对策，想要把孩子变成原来那个听话、乖巧、学习成绩好，人见人夸的好孩子。

在与前妻的理性分析和谈话中，李先生明白了：在家里，没有必要去争强好胜、固执己见。两个人这样做的目的，就是想证明出自己是对的。可即使是自己对了，那又能怎么样呢？想一想，难道谁对谁错，比夫妻恩爱还重要吗？比家庭幸福还重要吗？比让孩子有好心情还重要吗？比孩子的身心健康还重要吗？

在坦诚相对以后，两人都自我检讨了。最后，为了儿子的身心健康，为了能够给孩子一个完整的家庭，为了弥补两个人的过错和挽回曾经的爱，李先生决定与前妻复婚。

当李先生和前妻复婚两个星期以后，孩子的精神明显变好，上网次数减少了，出去玩的次数少了，还主动要求回到学校，考一个好大学呢！

在不久后的一次考试中，李先生的儿子获得了第三名的好成绩。为此，李先生非常感谢心理医生的指导，感谢心理医生能够给予他帮助，并帮助孩子重新返回校园。

看完这个故事，我们真切地体会到了"父母掌握着孩子的命运"这句话。试想，如果每个人都因为自己的争强好胜，去证明"我才是做对了的那个人"，那最终的结果只能是感情破裂，家庭破裂。可在这个时候，谁才是吃大亏的人呢？无疑是孩子！在家庭破碎的时候，孩子才是牺牲品。

当孩子的心四处流浪的时候，会遇到各种各样的诱惑和引导，即使这种引导是错误的，孩子也会走下去。因为他这样做，一是为了报复父母的不负责任行为，一是自暴自弃，因为他认为"没人会在意我"。

当父母们在为"谁对谁错"争吵的时候，想一想当初为什么两个人会相爱？会结婚？会生孩子？不就是为了能够幸福地生活在一起吗？当时，彼此都能看到彼此的优点，彼此吸引人的地方，为什么在争吵的时候却被冲动蒙蔽了双眼呢？

在这时，我们不妨想想自己的行为有什么后果，会带来什么伤害——孩子整日想着破碎的家庭，无法静下心来；孩子厌学，逃课……孩子缺乏安全感，才会破罐子破摔、自暴自弃；孩子会因此怀疑一切，甚至仇视一切，从而沾染上不良习气。

因此，为了让孩子有一个完整的家庭，为了能好好地教育孩子，父母不要在家里坚持"我才是对的"。这样的结果，只能是伤害孩子和家庭。

日省吾身，别让孩子复制你的坏习惯

俗话说得好：有钱能使鬼推磨。有些父母也把这个"规则"用到了孩子的身上，比如："如果你听话的话，爸爸就给你买玩具""儿子，如果你去帮擦桌子，那就给你5元钱""如果这次考试你能考进前三名，那我就给你包个大红包"……

确实，在金钱的利诱下，孩子们的行为出现了一些改善，变得听话多了：主动做家务；放学回家就写作业；很少和朋友们出去玩；考试成绩越来越好……长此以往，孩子们就会认为：我变得"好"一点，父母就会给我钱花。如果今天擦一次桌子，擦一次玻璃，主动洗碗筷，那么自己很快就会成为一个"小富翁"了。

接着，孩子们就会把这种行为带到学校中去。"×××，借用一下你的橡皮。""不行！除非你给我钱。""哼！小气鬼！""不花钱还想用别人的东西，哪里有这么好的事情……"

看吧，原本一个很简单的小事情，孩子却拿金钱来衡量。如果到了社会上，还以这种方式来与他人相处，那么没有人会愿意和他做朋友的。因为在别人的眼里，他是一个非常功利、斤斤计较、见利忘义的自私鬼。

著名心理学家经过研究，得出这样的一个结论：表扬奖励与批评惩罚的比例最好控制在3∶1。如果超过了这个比例，那么父母的表扬已经有了夸大其词的成分，变得不太真诚；如果低于这个比例，那么父母就有点过分挑剔，给孩子造成情绪上的不安，从而破坏孩子的自然成长，使其变成一个神经质、怯懦、不诚实的人，严重的话还会让孩子变得特别"暴力"。

有这样的一个故事：

小军的家里非常有钱，父亲是某市有名的企业家。

在小军很小的时候，"我家很有钱"这句话就经常挂在嘴边，引来不少人的羡慕和不屑一顾。在小学时，小军身后就跟了一大批的人，整天跟他混在一起"吃香的喝辣的"。在那些同学的眼里,觉得小军家里那么有钱,只要他愿意带着他们玩,为什么"有便宜不占"呢?

自从上学后,家里可没少给小军花钱,不仅要给老师送礼,还要贿赂孩子的同学,生怕孩子受一点儿委屈。

可能是因为小军的家庭条件太好,他根本就没有把学习当成一回事——反正父母会靠钱解决的。因此,在学习成绩那么差的情况下,小军依然顺利地上了重点高中、重点大学。

到了大学以后,同学们纷纷称他为"贵公子""富二代",而小军也乐意这个称号。在蜜罐和金钱堆里长大的小军,事事以钱为先,并有"金钱就是万能的"的思想。

一次,小军带着同学去豪华场所玩。可是,门卫以他们是学生,消费不起为由,拒绝他们入内,于是小军立即从口袋掏出一叠钱,摔在门卫眼前,说:够不够?!看着傻眼的门卫,小军得意地带着同学去玩儿了。这件事也为小军在同学们堆里赢得了威信。

就这样,他不思进取,浑浑噩噩地过日子。

大学毕业后,小军不去找工作,整天待在家里无所事事。为此,小军的父亲很着急,就让小军找点事做,不能老这样。可从小养尊处优的小军,哪里是给别人工作的人啊!别说是社会上的挫折,就是连基本的生存能力都没有啊!

一次偶然的机会,小军结识了一个朋友,那朋友给他出主意:你家里那么有钱,为什么不弄艘游轮,载那些游客看三峡呢?这样既能玩也能赚钱，不是一举两得的事情吗？回到家后，小军就把这个想法告诉了父亲。父亲一听孩子终于有了自己的想法，便大力支持。为此，父亲花费了上千万为儿子买了一艘游轮。

可商场如战场，没有任何经验的小军在短短的一年里，便惨败收场。不知道是什么原因，没多久父亲的生意也遭遇投资失败，还欠了外债。

就这样，他们过起了窘迫的生活，可他们哪里受得了这样的日子。于是，每天都能听到父亲的怒骂声和小军的哀怨声……

人的一生要喝两杯水：一杯甜水，一杯苦水。如果先喝苦水，那后喝的就是甜水了；如果先喝的甜水，那后喝的就是苦水了。在故事中，父亲给小军先喝的就是甜水，给予他锦衣玉食的生活；用金钱给他买想要的东西，买学历，买人生……在这样的金钱教育下，小军就掉进了钱眼里，认为钱可以买到一切东西。而后，小军就尝到了苦水——先是投资失败，后是家庭败落。

其实，小军的一生就是教育的失败所致。父亲的金钱教育不仅摧毁了孩子的价值观，还让孩子盲目地去投资。对于一个毫无生意经验的年轻人来说，失败是必然的。因此，父母们不应该给孩子灌输一些错误的金钱观念，让孩子对金钱具有依赖性。即便是用金钱赏罚，也要有一个度。

下面，为父母们介绍几种关于金钱教育的方法：

要明确奖惩使用的范围

父母们在对孩子进行奖惩前，要明确孩子的行为对错。哪

些行为是应该奖惩的,哪些行为是不该奖惩的。只有明确这些,孩子才能够明白奖惩的真正含义。

比如:当孩子认识到错误的所在,并有悔改的意思时,父母们就不应该再惩罚孩子。因为惩罚的目的是要让孩子知错并且改正错误;当孩子因为由探索欲望而损坏物品时,父母们不要给予惩罚。不然的话,孩子就会丧失探索求知的欲望,不利于培养孩子的探索精神;当孩子好心做坏事的时候,父母们不能惩罚,因为这会挫伤孩子做事的积极性。

再比如:当孩子完成了具有挑战性的任务的时候,父母们应该给予表扬奖励,让孩子增强进取心和自信心;当孩子以一种独特而有效的方式完成任务时,父母们应该鼓励他们,并为他们创造空间,让他们的创造性得到发挥。

以表扬奖励为主,惩罚为辅

无论是在生活中或学习中,父母都要主动去发现孩子的优点,给予孩子肯定式的评价。这样的做法,有利于孩子不断进步。如果父母们只盯着孩子的缺点不放,那孩子就会变得自卑、胆小,不利于孩子的身心健康。

奖惩不宜过多

过多的惩罚,会使孩子自卑,从而对惩罚产生"免疫力",失去其应有的教育效果;过多的奖励,会让孩子变得对奖励"上瘾",并对奖励产生依赖心理。著名心理学家经过研究得出结论:

过多奖励和惩罚,会让孩子变得缺乏主见;善于察言观色,过分在意他人的评价,从而失去自我。

第四章
DISIZHANG

忙里偷"懒",
给孩子自由发挥的空间

"懒"父亲教男孩独立自强

我们经常会看到孩子说:"将来我要怎么怎么样""如果是我,我会怎么怎么样"。而实际上呢,他们会这么做:

"儿子,帮妈妈拿一下拖把。"

"我在看动画片呢!你自己拿吧!"

"儿子,周末大扫除,你要干点什么呢?"

"我周末要复习功课,大扫除太浪费时间了!"

每当父母们想让孩子做点什么的时候,他都会找各种理由来拒绝父母。有些父母心疼孩子,不舍得孩子吃苦,也不舍得孩子难过,就由着孩子的性子来,什么活儿都不让孩子做。时间一长,男孩就养成了懒惰的习惯。

一位心理学家曾说:"生性懒惰的人不会成为一个成功的人,生性懒惰的人只会成为一个失败者。成功只会降落在那些辛勤劳动的人身上。"有一位哲学家说过:"世界上能登上金字塔顶的生物只有两种:一种是鹰,一种是蜗牛。资质低下的蜗牛能登上塔尖离不开两个字——努力。"行动迟缓的蜗牛一旦缺少勤奋的精神，那它也只能停滞不前。同样，懒惰的孩子也很难振翅高飞。试问，哪位父母不希望孩子将来能成就一番事业呢？所以说，父母们不仅要让孩子克服懒惰，还要让孩子知道：天下没有免费的午餐。

巴甫洛夫有一个"懒"父亲，在巴甫洛夫很小的时候，父亲就对他进行劳动教育。有一天，父亲把巴甫洛夫带到地里，用手指着一块翻好的地说："儿子，我们在这片地里种满菜吧。"

巴甫洛夫皱着眉头说："爸爸，可我不会呀！"

"不用担心，爸爸来教你。"

就这样，巴甫洛夫跟着父亲开始学种菜了，他拿着小铲子不停地翻土、撒种子、浇水，一天很快就过去了。几天后，种子就发了芽，巴甫洛夫觉得这是一件奇妙的事情！

几个月后，他们种的菜已经熟了，爸爸就带着巴甫洛夫择菜、除杂草、施肥……后来，父亲又开始让巴甫洛夫学木工活，他买来了凿子、锯子，还有一些木头。他先给儿子做了个实验，做出了一个精美的小板凳，然后再告诉巴甫洛夫板凳是怎么做出来的，好奇的巴甫洛夫便跟着爸爸认真地学了起来。

没多久，小巴甫洛夫就可以自己做简单的家具了。除了亲手教巴甫洛夫种菜、做木工活外，父亲还教会了他养花、除草、给树木嫁接等技法。

巴甫洛夫的父亲认为，孩子的勤劳的手就相当于一双立足于社会的脚。

巴甫洛夫的父亲是个好的"懒"父亲，他把一个父亲的爱都倾注于孩子身上，但却没有让孩子觉得有负担感。也正是父亲的"懒"，深深影响着年少的巴甫洛夫，让他从小就养成了不怕苦、不怕累、坚持"自己动手丰衣足食"的良好习惯。

与"懒"父亲相比，张先生是一位"勤快"父亲，我们来看看"勤快"父亲是怎么教育孩子的吧！

张先生有一个11岁的儿子，叫豪豪。豪豪今年上四年级了，在班里的成绩排在中间，从一年级到四年级，他的成绩总是这样，不好也不算坏。

张先生和妻子都是工程师，经常去外地出差，经常把豪豪放在爷爷奶奶家。但只要一放假，就会非常疼爱豪豪，对他的生活和学习有着很大的"帮助"。比如：怕豪豪削铅笔削到手，就"帮"他把铅笔削好；怕豪豪背书包累着，就"帮"他把书包背着……

张先生夫妇的过度疼爱，让豪豪的动手能力越来越差。每次班级有什么大扫除或者其他活动，豪豪都表现得很差劲，以至于同学们不愿和他做搭档。而豪豪也会退缩，找各种理由来逃避团体活动。

在家里，豪豪的动手能力也被张先生一一"代劳"。除此之外，张先生不光给他报了美术班、外语班、奥数班，还报了作文班。一到周末，张先生就不辞辛苦地接送豪豪。

又到周末了，张先生要送豪豪走的时候，豪豪只好装病，说不舒服，可能生病了，他的小伎俩可瞒不过张先生的"火眼金睛"。

后来，豪豪的这种情况越来越多，张先生就一直说他："没用""没出息"。为此，张先生还打过他，一副"恨铁不成钢"的模样。

爸爸的过度疼爱，让豪豪产生依赖心理，从而导致他不愿动手动脑，遇到集体劳动就畏缩不前；爸爸过于勤快了，硬逼着他学奥数、学外语。他的这种教育方式，让豪豪产生了一种抵触和厌学的情绪。无奈的豪豪能做的就是靠装病来逃避。

豪豪装病的事情既反映出爸爸过于严格的要求，也反映出自己意志软弱、不独立、不自强的表现。

有很多父母都会像张先生一样，过于勤快，以自己的思想来代替孩子的思想。这不仅让孩子失去独立思考的机会，不敢大胆说出自己的想法，而且还让孩子没有了自主自强的意识，遇事只会逃避、畏缩，不愿意参加各种集体劳动等。

其实，父母们不用"太勤快"，而是应该适当懒一点，给孩子更多的自由空间，让他自由飞翔。孩子虽然小，但也有自己做决定的权利。当孩子能自己做决定的时候，父母们就要告诉他：要对自己的行为负责任。一个能对自己负责任的孩子，就算是走出校门，走向社会，他也能够独当一面，保护自己的合法权益以及争取自己的权利。因此，父母们不妨做一个"懒"父母。

要知道，父母们的责任绝不仅仅是保护孩子不受到外界的伤害，还要帮助和引导孩子认识世界、应对各种困境的方法。因此，父亲要学会理性地爱孩子，把对孩子的爱"藏"起来，才能让孩子拥有健全的人格,才能培养出健康、独立、自信的孩子。

顺其自然是最好的育儿真经

现如今,大多数家庭都是独生子女,父母们不遗余力地对这颗"独苗苗"进行栽培,无论家庭经济情况如何,很多父亲都想尽办法送孩子去参加奥数班、才艺班、提高班。中国也被称为是继韩国之后补习最盛的国家。人们不禁要问:补的越多,孩子就会越优秀吗?

如果孩子每天上完八小时课后,接着上补习班,这相当于让孩子继续学习相同的东西,身体疲惫不说,神经上也相当疲劳,根本学不进去。

学校课程的安排就是一个例子,经教育专家的研究,每一科目达到 40~50 分钟,之后换另一个科目,怕的就是造成孩子学习上的饱和;且一天之内不宜学得太多,要劳逸结合。但是,很明显父亲都忘记了这一点。

有一个这样的小故事,我们不妨来看一下:

刘先生的女儿尽管只有 10 岁,小学 3 年级,但是刘先生在女儿教育上的花费已经超过 12 万。刘先生说:"为女儿花这个钱我愿意……"

他的女儿每天下课后去上英语补习班、奥数班;周末要上才艺班。一星期几乎没有休息和玩的时间。刘先生认为这是对女儿好，希望她全面发展，但是他没有注意到女儿每次被送去补习班的眼神，里面充满了疲惫、无奈，甚至有一丝丝的愤恨。

刘先生这种"望子成龙，望女成凤"的心态可以理解，但孩子毕竟是孩子，不是机器，疲劳之后，反应会变得迟钝。这时候再让孩子去上补习班，只会事倍功半，长时间下去身体垮掉不说，还会造成一定的心理压力。有的孩子还认为，既然补习也会学到东西，那么上课就不用认真听讲。恶性循环之下，孩子只会越来越差。在补习班中，我们经常会看到一些目光呆滞的孩子，握着笔无意识地抄着黑板上的板书。这些呆滞的眼神让人感到痛心。我们的孩子不应该是这样的。

实际上，顺其自然才是最好也是最为正确的"教育真经"。

下面的这个故事，是老舍女儿舒雨的故事：

舒雨是在七七事变之后出生的，父亲给她起名"舒乱。"她的母亲觉得不好，不像个名字。那个时候青岛又刚好下了一个月的雨，于是起名为舒雨。

舒雨6岁的时候才第一次见到父亲，当时是抗日战争，老舍是抗日文人。为了不暴露身份，舒雨随了母亲的姓，叫胡小雨。

那时舒雨对老舍感到很生疏，再见到父亲时舒雨已经十二三岁了。父亲的行为在潜移默化地影响着舒雨。相比于其他作家的无忧无虑，父亲身上多了些贫民性与同情心。

刚解放那会儿，艺人的生活十分贫困，有的甚至吃不上饭。

父亲经常帮助他们，家中的小院子里有间空房，父亲作为临时场所，组织他们学习。有的人没饭吃了，父亲毫不犹豫地脱下衣服，让他们拿去当了钱吃饭。

　　舒雨上中学时，经济条件还比较好。有一天，她买回来一个背心。父亲看到后，把背心要走了，但随即拿出两样东西递给舒雨，意为"交换。"老舍从不以家长自居，一直将孩子视为朋友，让他们可以无拘无束地自由成长。

　　老舍写信给舒雨的母亲，说："至于小雨，让她多玩，不要用那些个学识来压抑她个性的发展，顺其自然就好。"

　　有一年，舒雨在哈尔滨外语学院学俄语时，曾经一门功课只得了4分。给父亲写信时汇报给他。老舍淡淡回信道："只要考及格了就行，你们自由发挥。"

　　父亲平和的心态，顺其自然的教育，使得舒雨在学习中和生活中都感到非常惬意，没有太大压力。父亲尊重孩子的兴趣，不干涉舒雨选择专业，甚至婚事也采取了超然的态度，完全尊重孩子的选择。

　　这就是一个顺其自然的父教方式！老舍的顺其自然，在孩子的成长道路上，深深地影响着他们。他对子女的要求，仅仅只是，身体健康，将来学一门手艺可以谋生就行了，不一定非得考上大学。正是这种顺其自然的教育，后来的舒雨才能够成为著名的教授、译作者。可见，顺其自然才是孩子成长最为正确的方式。

　　孩子在求学道路上，已经很累，很辛苦了。他们上完课后，回家还要做作业巩固每天所学的知识。因此，父母们不要对孩子要求太多，更不要给他们设立太多的规矩和目标，要让他们去自由地探索。

一项研究结果表明：孩童时喜欢探索的孩子，长大后往往很聪明。因为他们的思想没有受到限制，自由发挥。他们在外面世界到处跑，到处玩的同时，大脑在不停地运转，思考。而这种"顺其自然"的方式才是父母教育孩子最好的方式。

只要父母们做到顺其自然，孩子自然就会将自己天生的优势发挥出来，很自然地就会选择去做他们擅长的事，做好了会促使他更喜欢去做。这种良性的循环使孩子天生的长处很自然地显现出来。孩子建立了自信，才会有勇气去面对未知的未来。

世界很大，让孩子大胆去欣赏

在孩子还年幼的时候，他们对外界的东西充满了好奇，并且想要去探索。在这个时候，父亲就应该让他们去欣赏外界的一些东西。比如：绘画作品、文学作品、名胜古迹等。只有让孩子去欣赏周围，去欣赏世界之大，才能够让孩子学会更多的东西，开阔自己的眼界。

李爸爸因为工作原因，经常各处旅行，他也希望自己的孩子丁丁从小就能见识世界。在丁丁三岁的时候，李爸爸就开始带着丁丁出行美国，他从来不认为带丁丁出行是个负担，相反，其中有着许多的乐趣。在那次美国旅行中，丁丁在西雅图第一次见到李爸爸在美国工作的姑姑；在旧金山震惊于一座飞架于海湾之上的巨型吊桥，也就是世界闻名的金门桥；在加州，丁丁在那里第一次过了 Disney 瘾。

但这次美国旅行，丁丁也不是处处遇到鲜花和笑脸，也受了不少委屈和磨炼。在旧金山的街头，因为总想让爸爸抱，而李爸爸坚持让丁丁自己走路，因此，丁丁遭遇了出生以来最严厉的呵斥。在西雅图的姑姑家里，因为穿衣吃饭处处都要李爸爸帮忙，丁丁再次遭到来自大人的不满，不过这次不是爸爸而是异国他乡的姑姑。

这次美国旅游，也让李爸爸认识到，由于家庭的过多溺爱，丁丁像国内其他孩子一样也有依赖性。长此以往，对孩子的成长非常不利。

之后，李爸爸每到一个地方就把丁丁送到幼儿园或学校，多让孩子接触外界，哪怕他们待的时间不长，他也要让孩子到那种集体生活环境里去，而不是把她留在家里。李爸爸这样做就是想让孩子早点接触社会和外部语言环境，给她提供各种各样接触人的机会，因为只有多接触外面的世界与人，孩子的大脑才会广泛接收信息，慢慢学会思考。

让孩子出去见识世界还是越早越好，关于这点，可能每个人的看法不一样。但是，如果有条件的话，爸爸们尽早让孩子出去经历外面的世界可能是给孩子的最好礼物。其实我们的前辈也在这方面做过不少尝试和探索，特别是近代洋务运动的时候，中国的有识之士开始睁眼看世界，渴望了解中国以外的世界，于是，他们开始向西方派遣年轻的留学生。如果一个人在没有见过什么大世面的话，还一个劲儿地向别人吹嘘，那么就会沦为井底之蛙。因此，父亲应该带孩子去见识一下世界的美，增加孩子的见识，开拓孩子的眼界。

孩子的见识是在观察实践中增长的

爸爸们带孩子出去玩，出去见世面，是家里任何书籍、玩具都代替不了的。在外面的世界，孩子们可以细细地观察着，用他们独特的视角述说着自己的实践发现。

见识世界，欣赏世界，需要孩子去社会中调查、考察、实践，这是一种高效的学习。比如，可以带孩子去祖国的名胜古迹，有条件的家长可以带孩子去国外走走看看。

孩子的见识在交流中提升

在与孩子共同活动时，父亲应该和孩子进行沟通和交流，尝试用孩子的视角去欣赏世界，或是创造机会，让孩子与小伙伴进行交流，通过交流，孩子既增长了知识，有增进了彼此的友谊。要让孩子走出自己熟悉的生活范围，去感受阳光灿烂的外部世界，不仅能增长见识，更是一种高效的学习。

别把孩子的志向圈起来

一年一度的儿童节即将来临,作为这个节日主角的孩子们有何梦想?有什么志向?志向都是什么?针对这项任务,记者来到了当地的一些小学,进行了一番调查。在接受调查的孩子们里,他们的年龄普遍在11～12岁。

调查结果显示:在95个接受调查的孩子中,有94个孩子明确表达了自己的梦想。梦想着当老师的有18个孩子;梦想着当老板的有11个孩子;梦想着当作家的有10个孩子;梦想当科学家、歌唱家的有9个孩子;梦想当军人、公务员的有7个孩子。其中,有3个孩子选择当工程师;2个孩子选择当演员;2个孩子当探险家;还有一些选择记者、飞行员、钢琴家……

最令人意想不到的是,有个孩子说自己没有梦想。当问其原因的时候,他说:"社会压力大,谁也说不准以后会怎样,还是随遇而安的好。"

心理研究人员、教育学家说:梦想是对未来的憧憬与向往。对于11~12岁的孩子来说,"老师梦"位居第一位并不奇怪,因为老师是他们这个年龄段最具影响力的人物。不过,小小年纪就想着当老板、当公务员等,就显得没有那么"单纯"了,这折射出了"钱与权"在现实生活中的地位和作用。

学校的一位老师说:"每个孩子都是一张白纸。他们之所以会有着不一样的选择，主要是受到家庭和社会的影响。"

在中国人的观念中，职业是有贵贱的，他们会把坐在办公室里的白领看得很高，而把一些建筑工人等看得很低，但其实，白领所拿的工资还不如建筑工人高呢！在国外，工作是没有高低贵贱之分的，只要人能有一技之长，能够养活自己，就照样受人尊敬。在这一点上，很值得中国人学习。

一个人只有有了志向，他才会有生活的目标和激情，才会有活下去的勇气和对生活的信心，从而把自己的人生过得有滋有味。在家庭教育中，父亲也要注意对孩子们志向的培养。在孩子还年幼的时候，父亲就要给孩子传递出一种"行行出状元"的价值取向，不要干扰孩子的志向选择。要知道，对年幼的孩子来说，父亲和周围人的教育是什么，他就会接受什么。因此，父亲要给予孩子一些自由的创造性。

有这样的一个故事：

女孩活泼可爱，总是爱捣鼓一些东西，简直就像是个男孩。一天，爸爸带着女儿去公园玩。公园里有一个儿童游乐场，里面有一个"沙画"摊。所谓的"沙画"，就是给孩子一个模板，上面已经有画好的小猫、小狗、白雪公主等好看的而简单卡通画。在那个小摊上，有准备好的笔、颜料、水等。孩子们需要做的就是，把规定好的颜色填补到里面去。

当爸爸看见可爱的孩子趴在那小小的桌子上面，认真地填沙子的时候，心里一阵难受，赶紧将女儿抱走，免得她看见了，央求也去玩沙画。

的确，故事中与其说是感受"沙画"，不如说是一次填色游戏，小孩子们就像完成一项任务，一项有着条条框框的任务。在沙画的过程中，孩子们只是为了追求与范画一模一样的效果，虽然这简单的训练也能锻炼孩子手眼的协调能力和耐心，但在整个过程中，却带给了孩子一些负面的影响。比如：想象力、创造力，从而影响孩子对志向的追求。

也就是说，这种活动不能称为绘画。因为沙画并没有任何创造性，也没有自由的想象。如果让孩子在预先设定好的模子里填上颜料，那就算是画上百幅画，又能培养孩子的什么艺术素质呢？

随着时间的变化，孩子会在这种"条条框框"中变得小心翼翼，变得谨慎，变得不会去树立自己的志向，而是变得像一开始所说的那个孩子——没有志向，随遇而安，顺其自然。

就以画画来说，绘画应该是孩子们表达心灵的一种方式。年幼的他们天真烂漫，自由无羁，正是发挥想象力和创造力的时候。而这种事先弄好的东西，只会将孩子的思维束缚起来，甚至会折断宝宝想象的翅膀。这种培养和学习方式，并不是一个培养艺术家的好方式！

现如今，人们纷纷跌入了商业大潮，他们利用一切手段，变废为宝，变腐朽为神奇。他们的腰包变鼓了，他们高兴了，可是在他们这样的赚钱方式下，却少了些责任感。

在日常生活中，到处都是不负责任的倾销！不仅仅是公园里的沙画，商场里的填写画，还有书店里，也有着成堆成摞的儿童填色书！

殊不知，这些东西对孩子的想象力和创造力是一种束缚和伤害。在这个时候，父亲有没有想过：如果孩子沉浸在这种"圈圈"里填涂颜色，一旦离开这些模式化形象，那孩子还知道如何下笔吗？

要知道，孩子们是最单纯的，他们的模仿能力特别强。除此之外，他们喜欢五彩缤纷的世界，他们需要表达和创造。于是，他们就会去摸索，去尝试。他们的这个过程就好像是孙悟空头上戴的紧箍咒一样。戴上的时候容易，想要摘下来那就难了。慢慢的，当孩子面对一张空白的纸的时候，就会变得束手无策，这不仅是失去了自己真实的表达，也失去了自己的创造性、想象力、自信，并变得没有志向了。

在日常生活中，还有些父亲会把孩子填充的"沙画"挂在家里，逢人便说孩子有绘画才能。可是在这样的表扬中，孩子真的会把绘画当成是自己的志向，从而慢慢实现吗？相信这样的概率很少。

还有一些父亲是从商的，从小就给孩子灌输一些金钱至上的理念；有些父亲是书香门第，从小就给孩子灌输思想，让孩子做老师，做文学家等文艺方面；有些父亲是公务员，在孩子还年幼的时候，就给孩子灌输一些"公务员有保障，是铁饭碗，吃国家饭"等观念；还有一些父亲是因为自己没能实现自己的愿望，便将愿望施加在孩子身上，并让孩子为其奋斗……

实际上，这种做法不仅对孩子没有任何帮助，还把孩子的志向"圈"了起来。要知道，被"圈"起来的孩子，就像是被关在鸟笼里的小鸟，飞不出去，见识不到外面的世界。因此，父亲应该给予孩子一些自由，让孩子自由选择自己的志向，并鼓励他。如果孩子没有什么志向的话，父亲还应该在一旁引导，直到孩子找到自己的志向位置。

爱孩子，让孩子成为他自己

从孩子一出生起，父亲就面临着人生的一个重要课题：让孩子成为他自己！让孩子找到自己。在家庭教育中，每个父亲都有着自己的"私心"，不是让孩子按照自己规划的路走，就是想要孩子完成自己未完成的梦。

可是，在这样教育下的孩子又会变成什么样子呢？有这样的一个故事，我们先来看一下吧！希望能够给父亲一些启示。

一天，村子里跑来一匹马，善良的村民们思前想后决定：将马送到原来的主人那里。可是，马儿不会说话，又怎么能告诉大家主人的地点在哪里呢？为了将它送回去，村民们想了很多的方法，也没有达到目的。

在这个时候，一个村民说："让我来试一试吧！"

没想到，这个人的方法很管用，马儿竟然回到了主人的身边。

为此，村民们感到很惊奇，纷纷问这个人用了什么方法？

这个人说："其实很简单！我只是松开了它的缰绳，让它在前面走，我在后面陪着。当马儿肚子饿了的时候，我就停下来让它吃草；当马儿口渴了的时候，就让它去喝水；当马儿走到危险的地方的时候，我轻轻地拉缰绳，把它牵引到大路上来。等马儿到了路上的时候，我就会松开缰绳，继续让它自己前行。就这样，马儿顺利找到了家。"

听到这里，村民们才恍然大悟。

看完这个故事，我们可以知道：如果强行让马儿怎么样的时候，马儿偏偏会有一股倔强的劲儿。如果把主动权交给马儿的话，那马儿就不用人们说，便找到了自己的家。同样的道理，在家庭生活中，有很多父亲都有这样的一个特性，就是：希望孩子按照自己的方式成长，把孩子将来的道路全部安排好了。

表面上来看，这是爱孩子的一种表现。可是有的时候，孩子就像是马儿一样，并不会告诉父亲，自己真正需要的是什么，需要父亲怎么样去做。对于年幼的孩子来说，他们能做的就是无条件地接受，不管父亲给的东西合不合适，能不能接受，他们都会接受。当然了，有的孩子也会因为不能接受就开始对抗父亲，造成家庭关系紧张。

在日常生活中，有很多的父亲一开口就抱怨孩子，比如：孩子们如何的不听话；孩子们如何的让人操心；孩子们如何的不爱学习；孩子们如何的气人……

但实际上，教育孩子和种庄稼是一个道理。有句俗话说"种瓜得瓜，种豆得豆"，也就是说，父亲给孩子什么样的成长环境，用什么样的方式教育他，最后孩子就成为什么样的人。

前几年，各个培训机构都将心理培训核心锁定在：找到你自己，让你成为自己。

的确，孩子们总是活在他人的期待中。20世纪60年代出生的孩子是活在社会的期待中；20世纪70年代出生的孩子是活在父亲的期待中；20世纪80年代的孩子，他们开始变得迷茫，不知道如何寻求自我……

在各种期待中，孩子变得不像自己，没有自己了。难道这是父亲想要的吗？应该不是！

曾经有一本书中这样写道："你是不是你自己，要看你是否自由，你是否自由要看你是否自己依赖着自己。"

书中还说"最先依赖都是一个表象，最可怕的依赖就是，你自己的人生完全依赖于别人，你认为你的快乐是来自于别人，你认为你的时空是来自于别人，你认为你的安全感要来自于别人。"

看完这些，不知道父亲有没有什么触动。在日常生活中，也许父亲有些地方做得很好，比如：工作领域里做得不错，积累了丰富的经验，寻求到了老板给的肯定以及事业中的安全感……可是，你真的快乐吗？你也希望孩子重复自己的老路？

"不！"

很多父亲发出了这样的声音。的确，如果父亲真的爱孩子，那就应该让孩子成为他自己，不为任何人而活。

因此，父亲应该将"让孩子成为他自己的主人"渗透在孩子的日常生活中，渗透在每一个行动中。爱和自由，是父亲爱孩子的一种表现。

在生活中，我们曾经看到学校里孩子们直接叫着老师的名字，就像喊伙伴的名字一样自然；在家庭中，子女们亲切地叫着父亲的名字，就像是亲姐妹、亲兄弟一样。在这一刻，我们分明感受到了独立、尊重和平等。

在家庭教育中，父亲可以给孩子灌输一些思想："我是我自己。在这个世界上，没有一个人完全像我。有些人有部分像我，但是没有一个人完全像我。我身上的每一点，每一滴都是真实的，这是真正的我。"

除此之外，当父亲想要做决定的时候，先问问孩子的看法和意见。如果孩子不能接受的话，那父亲就不要强求，而是要给予一种肯定和尊重。父亲，松开自己的双手吧！让孩子自由飞翔！只有孩子自己，才能明白自己想要的到底是什么。

从爱走向独立

爱是什么？爱是一种精神，它是智力发展的基础，它能够使人变得独立，而独立能够使人积极向上地健康发展。只有拥有爱，才会有独立，从爱走向独立自主。

爱，就如同我们掌握一门技术一样，它也是需要通过一定的学习才能很好地掌握的。父亲之爱的本质在于用爱去关心孩子一点一滴的成长。许多父亲可能会有一个错觉，那就是父亲越爱自己的孩子，孩子就会越来越依恋他们。

其实不然，正确的理解应该是：父亲越爱自己的孩子，孩子也就越不依恋父亲。父亲长久以来付出的持久的爱，会让孩子意识到，不管父亲在哪儿，爱是持久、稳定、不变的。即使是在陌生的环境中，这类孩子更容易产生相对的安全感，且适应能力极快，他们更容易总结出自己的经验，而并非别人教给他的。最基础的原因就是他们已经建立了安全感，拥有这个最坚实的基础，他们也容易对别人甚至陌生人建立一定的安全感。而对于那些没有得到父亲之爱的孩子，则会出现这种情况：父亲一离开他的视线，孩子就开始拼命地哭，并且他以这种哭闹的形式来吸引父亲的注意力，来寻求安全感，也就是到处寻找爱。这样的孩子缺乏安全感的同时，也少了独立性。所以，当孩子的内心得到了爱的满足，他就拥有了安全感，这样就会把更多的时间集中在自我发展上，爱是孩子们健康快乐成长的基础。

当一个孩子的内心和思想具备了一定的安全感时，他就出现了追求独立的冲动。爱是一种宽容，一种相互理解，父亲对孩子只要有爱，哪怕不懂教育，也会给予孩子健康发展的基本权利和独立空间，也能让孩子享受自由，让孩子通过自由走向独立成长。

父亲希望把自己的孩子培养成为强有力的人，也就是我们所说的独立自主的人。那他首先就要先了解孩子。年纪尚小的孩子一般处于直接经验的时期，他们所有对生活的经验大多来源于孩子本身，如果一个孩子在他自己生活的过程中，总结出一些自己的经验，那么，他就成为他自己的主人。孩子们每天都在吸收很多的知识和经验，父亲甚至不知道他们是什么时候开始建立的这些概念。

但事实上，许多孩子的自发行为还没完成就被父亲所制止了，这种制止行为长期延续下去，就会让这些渴望自由生长的孩子断了自由的翅膀，他们心智发展的机会也变得越来越少。一个一岁半的小孩子看到大人吃饭，也想要自己动手。但是孩子能吗？这时，父亲就会感到太乱，太脏了，撒的到处都是不说，孩子也学不会自己吃饭。

即便是孩子抗争，也得不到自己吃饭的权利。这样孩子自身的发展减少了，自我探索的机会也减少了，取而代之的是别人的意志、看法、行为。长久下去，孩子一开始对自己的注意力，终究被转移到外围的其他地方，偏离了自我探索，偏离了生命发展的自然轨迹。于是，孩子开始变得过于注重别人对他的看法、神态和暗示。这样孩子就失去了个性，失去了最宝贵的创造力。

有这样一个场景：

一天，一个小姑娘跟随父母一起去看望外婆。到了外婆家。她看到花园里的草地上有喷头，就产生了特别想玩水的冲动。但是，小姑娘很害怕，犹豫不前。细心的爸爸看出了她的心思，说："孩子，你可以玩水，去吧！"但是小姑娘怯怯地说道："不，爸爸，我不能玩水。因为妈妈告诉我不可以玩水的，会弄得到处都是……"爸爸继续说道："现在你妈妈不在啊，她去买菜了，我让你玩的，你玩吧。"小姑娘坚持说道："不，不在，那也不行。弄糟了，妈妈会骂我的。"

看着小姑娘黯淡无光的眼神，爸爸为女儿的胆怯和不敢冒险感到深深的痛惜。

小姑娘被母亲剥夺了自由玩耍的权利，压抑了自己的自然生长。其实，玩本来就是孩子的天性，何况玩水也不是什么非常糟糕的游戏。小姑娘知道玩水的后果就是被母亲责骂。

于是，她放弃了抗争。在这件事情上，小姑娘的主动性已经在母亲的压抑中被悄悄地换掉了。虽然父亲一直鼓励她，但她还是没有去做。当遇到这种情况时，父亲应该与妻子商量，给孩子一个自由的童年。并让妻子知道：这种压抑长期下去，会严重影响孩子人格的发展和能力的发展，没有独立的人格，她就不会按照她生命的本来状态去自由发展，这也意味着她没有了独立，更没有独立自主的成长。

世纪百悦影城的《辛巴达历险记》第一天上映，7岁的楠楠可不想错过这个机会。于是打电话给她的好朋友娜娜一起去看电影。楠楠的父亲负责把他们俩送到，但是车到了影院门口，却已经没有了停车位，折腾了半天，电影马上就要放映了，楠楠的爸爸赶紧把票给她们，说"你俩自己进去看吧！爸爸需要找地方停车！""好啊！"楠楠不假思索地说，楠楠的爸爸把手机也给了她，好保持联络！

两个孩子下了车后，径直奔向影院。楠楠的爸爸转了一大圈，好不容易找到了停车的地方，但心里还是放心不下孩子。于是打电话给楠楠，电话中问："需要爸爸过去吗？""爸爸，你不用来了，我们在看电影呢！看完后我会主动联系你的。"孩子肯定的语气，把她爸爸堵在了车里。

楠楠的爸爸心里不禁感叹道："女儿真行，不仅不需要我的陪伴，而且能够找准位置开始观看，真难得啊！"

故事中的楠楠确实值得表扬，小姑娘独立自主的模样像个小大人一样。楠楠以前的生活不得而知，但是她的这种行为一定和平时父亲的关爱和教育是分不开。她的父亲在平时生活中一定很注重对她这方面的培养。这才让孩子能够在外面的世界懂得如何运用自己的经验去处理事情。

爱，是孩子健康成长最好的精神食粮，拥有父亲的爱能让他们勇敢地去独立。一位优秀的父亲，他所具备的首要能力就是对孩子的爱。

每个孩子都需要精神上的照顾和心理上的理解，也就是关爱他们的成长，这是爱孩子的重中之重。而情绪往往成为衡量爱的关键。父亲的好脸色，能够给孩子提供一个情绪安全的环境基础。

随着年龄的不断增长，孩子就会容易受父亲价值观和其他的一些行为的影响，用自己积累的经验去做事。孩子一旦拥有了足够的关爱，在这种轻松和自由的状态中，孩子的本性都会表现出来，越来越自主的独立性能够促使他的心理、人格、道德和智力积极向上地健康发展。

自由，就是做自己的主人

孩子的健康成长，离不开父亲的关爱，更离不开自由。对孩子来说，自由就是做自己的主人。

可能很多人都有这样的烦恼，觉得自己呱呱坠地后，自己的命运就已被家人所安排好，包括以后的人生轨迹都被规划好，自己无权选择地沿着这个轨迹一直走下去。其实人生的命运是靠自己选择和决定的，包括我们的孩子。我们可以不用遵守那些自己不喜欢的条条框框，自己的世界必须由自己来主宰，自己的命运要掌握在自己手中。

其实，孩子在两三岁的时候，就逐渐显现出什么事情都"要自己来"的自我独立意识，他们选择自己动手，不让父亲参与。因为他们有自己的想法、自己的选择。选择，是人类一种心理过程，是人内心的一种主观行为。著名心理学家曾说过，一个人在自己自由"选择"的时候，内心更有责任感，更具有热情。这是因为他们自由选择的对象，是那些自己感兴趣同时又愿意积极主动去做的事情,在这个过程中,他们是轻松的、愉悦的,做事的结果自然而然会事半功倍。

但是,传统的教育模式恰恰让孩子们失去了"自由选择"的机会。许多父亲"强行"成了孩子的"主人",为孩子选择,为孩子指明方向,可是,孩子却成了一个任人摆弄的木偶。孩子的情感体验更多的是"我应该怎样""我必须怎样",而少了本该有的"我愿意什么""我想要做什么",久而久之,他们没有了自我意识,遇到任何事情都去询问父亲,父亲指向哪儿,就往哪儿走。倘若有一天,现实突然发生改变,他们面临自己不得不解决问题的时候,无法再依靠父亲和其他人的时候,就傻了眼,就开始惊慌失措。如同没有复习功课就上考场的考生,只能像热锅上的蚂蚁在那儿干着急。从而产生一定的心理问题。严重者会让孩子的心理变得扭曲。

有这样一对夫妇,双方都是高级知识分子。他们有一个女儿。夫妇俩从小就对女儿严格要求,无论是学习还是生活中,都为自己的女儿安排好了一切,替她做很多本该她自己做的选择。

在这期间,他们的女儿也曾质疑过,也曾反抗过,但是夫妇俩苦口婆心告诉女儿,只要按照他们的路线,一定会有出息的。只要听他们的选择,就一定会成功的。于是,女儿开始变得沉默,却也按照她父亲的意愿去做。

这样女儿按照夫妇俩的意愿考上了大学、读取了研究生。但是,好景不长,等女儿研究生毕业后,因为找工作遇到挫折,恋爱也相继出了问题。于是,整天缩在家里无所事事、浑浑噩噩。当夫妇俩劝她重新振作起来时,她却怒吼着,把所有的错都归咎于他的父亲。女儿声嘶力竭地喊道,"我从来都没有想过要上大学、要考研究生,这都是你们替我安排的,这都是你们逼的。你们说什么好,我就做什么,什么都听你们的,可结果呢?什么都没有。你们为我选择的是我最不想走的一条路。我已经失去太多了,没有能力和精力再去拼搏,这下你们满意了?"

夫妇俩听了这些话,完全傻了眼。他们一直以为在为自己的孩子选择了一条最好的道路,却没想到最终换来的却是女儿对他们的憎恨。

故事中的夫妇俩一心为孩子选择一条他们认为最正确的道路和成功的捷径,却忽视了女儿本身的需要和想法。夫妇俩用他们所谓的"爱",使女儿压抑了自己内心自由的冲动。在这种长期的压抑中,女儿失去了锻炼自主选择的机会,失去了自己积累经验的机会,更失去了如何面对挫折的机会。她除了会学习,什么也不擅长。我们可以想象一下,她之所以工作受挫,很有可能是因为没有丰富的生活经验,而爱情受挫,则可能是在与人交流方面存在一些问题。所有的一切,都是由于父亲的"爱",掐断了她自由的翅膀,所以她自己飞不起来了。

其实,每个人的独立意识本是与生俱来的,一个孩子在13岁左右时,就具备了非常清晰的自我独立意识。而这个时候父亲要做的,就是和孩子之间进行平等的交谈,然后让他们自己去考虑，做判断，自己去选择。但是，有很多父亲却总是怕孩子会出错，总是怕孩子遇到挫折、受委屈。于是，把所有他们为孩子能做的事情都替孩子做好，孩子也就没有一点自由。其中一些有门路、有地位的家庭，千方百计地为孩子画好他们的人生轨迹，让他们按部就班地一路都稳稳当当、顺顺利利的。还美其名曰：为了不让孩子受苦。就这样，孩子就成了父亲的复制品，按照父亲的要求成为他们希望的样子。

每个人都是有惰性的，当孩子意识到父亲能够替他们做好了一切的时候，自己也就懒得再去动脑筋，懒得再去思考什么是自由，懒得自己去解决问题。如果遇到了麻烦，反正有父亲在，有父亲扛着。只要自己活得轻轻松松、逍遥自在就行了。长此以往，他们就变得越来越坐享其成，越来越懒惰。

在这种教育环境下长大的孩子，很容易成为一个消极被动的人，因为他们早已习惯了接受父亲的安排和帮助，而从来不会去思考如何通过自己的能力去改变现状。拥有这种消极思想的孩子，总是习惯把做不到或做不好的事情归结为基因的遗传、环境的影响，而从来不去找自己的原因。他们深陷在这种消极被动的状态中而毫无知觉。这样的孩子将来走向社会，做任何事情总是受到社会环境或他人的影响而变得不知所措。如果有人指点那还好，没人指点的话，他们以后做事还是会畏畏缩缩，停滞不前。因为他的人生中已经习惯了等待命运的安排或者别人的帮助，相信事情会自己找上门，而不相信自己能够解决或左右事情。这种消极被动的态度，注定他们一生都处于被动，受制于他人。这样的人，很难有所成就。

那么，有的父亲会说，以后就多给孩子自由空间，他们想干什么就干什么，只要是他们自己选择的就行。这种观点也是不对的，父亲不可以放任孩子不管不问，任凭他们自己去发展。若是自由过了火儿，变得自由散漫，唯我是尊，这会对孩子的成长造成极大的伤害。所以父亲在对待孩子自由的这个问题上，也要懂得适度。对待自己的孩子，就要像园丁对待花园里的花儿一样。园丁让花儿自由地生长，但也会适时地去施肥、灌溉，不宜过分，也不可疏忽。孩子就像花园里的花儿一样，需要父亲在尊重他们成长规律的前提下，给他们适当的照顾和指引，他们才能最终"开花结果"。

父亲要帮助孩子学会自己独立思考，锻炼出自己辨别是非的能力，才能在一些事物面前，分得清轻重缓急；父亲要帮助孩子成为能够掌握自己命运的人，也就是独立的人。

尊重孩子，给孩子多一点自由

实际上，父亲给予孩子一些自由，并不是给予其放纵或无限制的自由，而是一种对生命的尊重和敬畏，从而让孩子更顺应天性成长。如果父亲给予孩子无限制的自由，不加以理性控制和引导，则很有可能使孩子养成任性、无理、暴力、不守秩序等不良习惯。这不仅会妨碍到别人，也会让孩子受到一些伤害，甚至还可能会因为这无限制的自由让孩子在成长过程中承担更大的过错和责任。这种用"一时的自由"换"不自由"的方式，当然不是孩子要的真正的自由。

孩子生活在一个自由的环境中所发挥出的潜力会让父亲大吃一惊呢！在国外，孩子们可以直呼别人的名字，即使是长辈，也可以直呼其名。可在中国，这就被看作是一种不礼貌的行为，在我们所接受的教育方式里，这种"目无尊长"是会受到谴责的。实际上，国外的教育方式并不是让孩子不尊重大人或长辈，他们以此方式更为坦率地与孩子交流，表达的是一种平等和自由，实则这种开阔的自由其实更注重对孩子的尊重。

比如说，当国外的父亲向孩子提问的时候，一般都会先问上一句："宝贝，我可以问你一个问题吗？"如果孩子愿意回答的话，父亲就会很高兴地继续交流；如果孩子不愿意回答，父亲也不会批评孩子，而是选择尊重孩子的意愿，大不了就此打住即可。而在中国，如果父亲要问孩子问题，会直接问，不会如外国的父亲一般，细腻地考虑到孩子的心情与意愿。而且，如果孩子不回答的时候，父亲一定会生一肚子气，觉得孩子不听话，有的父亲甚至会批评孩子，以此来发泄自己不被尊重的不满。

当一家人出去聚会的时候，父亲问过孩子想要去哪里吗？想吃什么吗？当家中来客人时，父亲宴请宾客的时候，有把孩子当成家中的一分子，让他们行使主人的权利吗？当孩子不喜欢上辅导班的时候，父亲有尊重他的意见吗？……

其实，孩子也是有情感的人，也是渴望平等交流的人。当父亲的询问不被理睬的时候，我们会生气，那么换位思考一下，长此以往，若我们老是忽略孩子的感受，又哪里是在给孩子自由，又怎么会是尊重孩子呢？当一个人察觉到自己不被尊重的时候，负面情绪很容易升腾起来，久而久之，会导致情绪压抑，严重者会引发交流障碍或心理疾病等。

由此可见，父母们对孩子的尊重，意味着与孩子商量，与孩子们交换一些小意愿，征询一些微不足道的小事件，可以此来慢慢培养孩子的自由天性。所以，爸爸们，与孩子商量，意味着你乐意尊重他们的想法。当孩子们获得尊重，自然也会回报尊重于父亲。

那么，仔细想想，为什么父亲难以培养对孩子的尊重意识呢？归根结底，还是因为父亲对尊重孩子认同不高。

有新闻记载，美国前总统乔治·H·W·布什身边有一名保镖的两岁孩子帕特里克身患白血病。为了给孩子鼓劲，老布什的保镖团队所有成员剃成光头。老布什去看望孩子的时候也加入了"光头"行列，剃光了自己的头发。

光头老布什面带微笑坐在轮椅中，让光头的白血病患儿坐在他大腿上。两人所穿T恤衫和裤子颜色相近……

这个故事说明了什么呢？老布什身体力行，用他的言行告诉我们的是他心中对白血病患儿的尊重。

即使孩子比不上我们的年龄，也及不上我们的身高，但是父亲与孩子同样拥有平等交流的权利——与孩子商量，征询孩子的意愿，让给孩子自由发挥，不强加自己的想法给孩子，这才是父亲对孩子最基础也是最好的尊重。

孩子渴望的尊重是希望得到适当的自由。著名教育家蒙特梭利曾经说过，"自由是孩子可以不受任何人约束，不接受任何具有命令性质的强制，可以按照自己的喜好进行自己喜爱的活动"。如果父亲将孩子自由的天性禁锢起来，那么孩子就会失去生命的灵动。

天高任"子"飞，不设过高希望

在生活中，有这样的两种父亲：一种是事业型父亲，害怕别人在背后指指点点，说一些"钱赚再多有什么用？孩子变成那副德行，也不好好管管"之类的话；另一种是家庭主夫型父亲，也害怕别人在背后指指点点，说一些"作为一个父亲，真没用！让女人出去赚钱，在家里养孩子……养出的孩子成绩还那么差！"之类的话。

在这样极端观念中，事业型父亲和家庭主夫型父亲便找到了同一战线——逼迫孩子学习，生怕孩子在教育程度上落后于人。

可是这样的做法，很容易对孩子造成一些负担和恐惧感。

其实，对于健康成长中的孩子而言，最重要的不是比别人多认识几个字，或是有着优秀的家庭教师，而是需要一种舒适、安稳的心理状态。如果总是带着不安和烦恼上学，那无疑会让孩子无法集中精神，并会对今后的学习有着难以弥补的影响。因此，父亲不应该一味强迫孩子学习，而是应该了解孩子对什么事物感兴趣，并带他进入相关领域体验，从而正确地引导孩子对学习产生积极性。

希望下面这位父亲的所见所闻，能给我们一些启示：

儿子4岁那年，我们全家来到了美国。在这里，我留下了一段段美丽的回忆，尤其是关于孩子的教育问题，让我对美国教育有了亲身的体会和感悟。

我的邻居威特先生，是一位出色的幼儿园老师。在他的介绍下，儿子顺利入学了。可能是因为威特先生的孩子也在这个幼儿园，我对他有一种特别的感觉，是为人父的亲切感。

当父母们把孩子送到学校的时候，威特先生会蹲下来先问征求孩子的意见：你愿意留下来吗？爸爸可以离开吗？当孩子点头同意后，他才会让父母们走。

接下来的日子，威特先生不仅给我做了一个好父亲的启示，也做了一个好老师应该具备的事情。儿子刚入学那会儿，我很担心孩子不懂英语，交流有问题，会不会交到朋友？会不会受欺负？会不会……，不过我的担心是多余的，因为儿子已经把威特先生当成了自己的父亲，并且每天都是开心的。

当我再次见到威特先生时，就会问起儿子的情况，威特先生总会说他很聪明或是机灵，没有任何问题。不久后，在一次家长与孩子的互动课上——在海边。我留意到，威特先生并没把儿子当成是特别需要照顾的孩子。在玩游戏的时候，威特先生也没有要求所有孩子都跟上来一起玩。或许正是这种教育方法，让每个孩子都觉得很自在，就连一句英文都听不懂的儿子，也玩得十分兴奋。

在一年的时间里，儿子已经学会了简单的英文，并能和孩子简单地交流了。上幼儿园大班时，他的书包总是空空的，从来没有见到什么书啊、本子啊、笔啊之类的东西，由于那些学习用具是学校免费提供，所以不用带回家里来。而且最令人奇怪的是，威特先生从来没有布置过家庭作业。

有一次儿子带回来一本书，说是维特先生让自己挑选的，而且什么时候看完都行，还了以后可以再借。在每本书的背后还附有小册子，上面有一些把小朋友写下的感受，就是画画都行，非常自由。

后来，儿子还挑选了一本叫《假如我是动物园的管理者》的书，书上说如果我是动物园的管理者，我不会让动物园和别的动物园一样，养着狮子呀老虎呀！那太普通了！我会去养一些比较奇特的动物，比如要脖子很长很长呀，吃一口食物，需要3个月的时间才能到达胃里。哈！那真是了不起的想象力，在知识的熏陶和对事物的好奇心下，儿子自觉地养成了喜欢读书的好习惯。

通过和威特先生的接触，我发现他的教育秉着一个原则，那就是：不逼迫孩子。无论是他的儿子还是我的儿子，还是其他的小朋友们，都非常喜欢这个威特父亲。因为在他的教育下，孩子们非常健康快乐，也喜欢学习。

看完这个故事，不由得欣慰起来。在年幼的时候，孩子如果能遇上像威特先生这样的父亲和老师，那该是多么有趣和幸福的一件事啊！无论是在学习还是成长中，不逼迫就是最大的动力和鼓励。在幼儿园和小学阶段的教育，正是孩子们建立健康身心的关键时期。因此，父母的教育方式尤为重要。

第五章
DIWUZHANG

亦父亦友,忙爸爸和孩子沟通零距离

做孩子的知心大哥哥

当我们一天天变老的时候,孩子也一天天在成长。于是,就有了更年期撞上青春期的说法。处于青春期的孩子,他们需要被尊重,被信任。与此同时,他们还渴望独立,脱离父母的羽翼和怀抱。也因此,在青春期里,他们经常和父亲对抗,有着逆反的心理。

于是,父子之间就有了你骂我不听,你打我跑的情况。有些父亲很是苦恼,就咨询教育专家的指导或咨询一下成功教子的父亲,学习一下经验。在跌跌撞撞中,父亲终于明白了:对待有逆反心理的孩子,就是要把他当大人看,成为孩子的"知心大哥哥"。于是,父亲收拾好自己的情绪,准备与其平等相处。

可是,这样的"平等"还没有持续几天,父亲就厌烦了:"这孩子,真是不知好歹!"接着,父亲还是拾起了传统的"巴掌教育法"。其实,父亲的想法没有什么错,想要与孩子平等相处,改善和孩子的关系,帮助他平稳地度过青春期。

因此,父亲一定要使用正确的教育方式,对孩子的个性进行耐心教育疏导，从而帮助孩子度过青春期，促进孩子健康成长。其实，在孩子的内心深处，都希望自己的父亲成为自己的"大哥哥"，不仅能够理解自己，还能够为自己的困难出出主意。

那么，父亲如何做孩子的"大哥哥"呢？下面，我来看一下吧：

1. 在家庭教育中，父亲要意识到：孩子成长的过程是长的，不是一朝一夕就能有翻天覆地的变化。再加上每个家庭都的不同，教育方式不能是统一的。比如：一家人本来就不怎么交流，如果父亲突然心血来潮，召开家庭谈心会，孩子还会觉得父亲的转变是不自然的，有什么目的性。也因此，孩子们不愿多说。如果父亲一着急的话，还可能让谈心会变成批斗会。

2. 父亲要逐步接近孩子。在一开始的时候，父亲可以告诉孩子很喜欢他的爱好，比如：某个电视节目或某本书，听流行乐等，从而引起孩子的注意。接着，就趁机向孩子请教一些这方面的问题。

3. 逐渐过渡到其他方面的沟通。在与孩子有了一定程度的沟通后，父亲就可以采用一些具体的方法促进两人之间的关系了，比如：财务自主。其实，处于青春期的孩子，他们的心理上要求独立，但是经济上又要完全依赖父亲，这让他们很是苦恼！对那些已经有了一定自治力的孩子，父亲不如把每个月的零花钱一次性给他，由他自己安排。如果他很快花完一个月的零花钱，那么父亲就不能再给。这样一来，孩子不仅有了自主权，可以支配自己的钱,也会体验到父亲的艰辛。再比如:召开家庭会议。周末期召开一次家庭会议,让孩子来主持,和他一起商量家庭的。在这个时候,父亲和孩子之间就能多进行交流。

父亲要及时转变角色

日常生活中,我们会看到这样的一种现象:女孩子比较信任爸,而男孩子比较信任妈妈。也就是说,青春期逆反的中学生,女孩撞妈妈的比较多,男孩顶撞爸爸的比较多。

因此,孩子的成长过程中,父亲除了要注意自己的言行举止外,还应该在孩子面前明确自己的"身份"。如果家中有男孩有女孩的话,那么父亲就应该把握好自己的"身份",针对不同的孩子做出不同的反应。

5. 营造出一种民主的、平等的家庭关系

当父亲让孩子发言的时候,无论孩子说些什么,父亲都要耐心倾听,并通过孩子的言行举止,来了解孩子。在倾听的过程中,父亲应该让孩子把话讲完,避免随意的指责或草率评论引起的不愉快。

当孩子表达出自己意见后,父亲应该积极地回应:"你说的不错!不过我要补充一点,看是不是会更完善。"这样一来的话,孩子不仅说出了自己想说的,还促进了亲子之间的交流。

除此之外,父亲还可以在周末的时候与孩子一起玩游戏。比如:让孩子利用周末尝试做一次"父亲",由孩子安排家庭成员的活动。这样的做法不仅展示孩子的能力,还加强与父亲的情感。

同时，要在家庭中发扬民主，鼓励孩子申辩，让孩子懂得不管是要做些什么事情，都要"有理"，这样才能够走遍天下，从而培养孩子语言表达能力和独立分析问题的个性。

6. 心平气和地沟通交流

在日常生活中，有些父亲不讲方式，不讲场合，随时随地地批评孩子。其实，这是非常错误的做法。因为有些批评不仅刻薄，而且还不完全正确，伤到孩子的自尊心，引起了孩子内心的埋怨和愤恨。

因此，父亲在批评孩子的时候，一定要弄清缘由，讲究场合，注意方式方法。比如：就事论事，不翻旧账；不当着陌生人或亲人的面批评孩子；不要说一些"你比某某差""你真笨"等之类的话语，以免伤及孩子的自尊；不说赌气发狠的话；当孩子冲动的时候，父亲要采取"冷处理"的做法，等孩子冷静思考和平息冲动后，再对其做批评。

在教育孩子的过程中，父亲切忌用一些打骂、体罚，说些不好听的话来教育孩子，而是应该要通过表扬、赞美的方式，让孩子朝着积极健康的方向发展。

总而言之，父亲只有在家庭中充当孩子的"大哥哥"，孩子才会将自己想说的话说出来。

放低姿态，和孩子平等相处

在生活和学习中，孩子需要的到底是什么，父亲知道吗？孩子在想些什么，父亲了解吗？教育专家做了一项调查研究，研究结果显示：随着孩子的年龄增大，与父亲之间的距离也越来越远。在孩子们选择最愿意倾诉的对象中，父亲也得票最少，排在前面的分别是朋友、社会工作者、心理辅导员……

难道说父亲不爱孩子吗？当然不是的！这可是对父亲最大的冤枉！可怜天下父母心，作为父亲不仅要勤奋工作，还要赡养老人，照顾孩子，并且视孩子比自己的生命还重要。真可谓是上有老下有小啊！然而，在这样的忙碌中，孩子却产生了心理困惑，而父亲也禁不住自问：孩子不肯跟我说心里话怎么办？

实际上，这是因为父亲没有站在孩子的立场和角度想问题。只有从孩子的角度和立场来思考问题，用孩子喜欢的方式与之交流，放下"我才是家长"的架子，友好、平等地与孩子交流，才能真真正正走进孩子的心灵。

有这样的一个故事：

在一次交流课上，女老师问班上的一位学生："你和父亲之间的关系融洽吗？"

同学摊摊手，无奈地说："我现在和父亲之间的沟通越来越少了……每天回到家以后，我就把自己关在房间里，除了吃饭的时候出来,几乎见不到父亲的面。"

看到这样的对话,有的父亲会狡辩说"我天天跟孩子说,要好好学习,将来考大学的!""我整天跟孩子在一起,陪他做作业,给他准备书包,这不是交流吗?""孩子是大人了,应该懂事了!难道让父亲每时每刻地注意他吗?""天啊!我很想和孩子交流啊……可是我们一交流的时候就会吵架。"

原来,父亲把"单纯的说教""抱怨""自以为是地认为""吵架"等都归于沟通。但实际上,这种沟通是不正确的,是消极的!这种沟通方式,不仅会让孩子封锁自己的心灵,还会破坏孩子和父母之间的关系。事实上,孩子最需要的是一个平等的交流机会,而不是父亲的"高高在上"的态度。

不管孩子有多大,总会有自己的烦恼。在他们的眼里,认为:世界上没有人理解自己,没有人倾听自己的话,没有人在意自己的内心想法。而父亲却也是这样认为,当然了,他们并不把孩子当作是倾诉对象,他们认为孩子还小。在这样的"沟通交流中",父亲与孩子的心理距离就会越来越远。

慢慢地,"沟通不畅"就成为父亲和孩子之间交流的最大阻碍。父亲依旧关心孩子,担心孩子出现厌学、早恋、网瘾等问题,出现了的话该如何解决?却从来没有想过孩子的心理困惑和烦恼该如何解决?

虽然父亲与孩子生活在一起,天天见面,却根本不知道他们在想些什么。父亲不了解孩子的精神世界,就很难有效地与孩子沟通，并且引导他们成长为自己所希望的人。

因此，父亲要经常与孩子在一起，平时下班经常与孩子谈天说笑，以培养亲情，共享欢乐，比如下棋、看球赛、听音乐、游泳等。当然了，想要知道孩子心里想什么，与他们打成一片之前，要与孩子亲近，取得孩子的信任。下面有具体的方法，以供父亲参考：

要取得孩子的信任

在日常生活中，父亲要多花些时间与孩子相处，并且要轻松愉快地相处。除此之外，父亲还要和孩子进行朋友式的交谈与娱乐，并且还可以在一起打闹和开玩笑，让家庭充满幽默的、亲切的氛围。

在与孩子说话交流的时候，父亲应该用信任和亲切的目光注视着他，让孩子看着你说话。要知道，眼睛是心灵的窗户，对视也是一种交流。

当孩子想要跟父亲讨论一件比较重要的事情时，父亲一定要先放下手头的工作，并对孩子所说的事情表现出兴趣，再耐心一点听孩子说完。这样的话，孩子就会觉得父亲很重视他，从而主动敞开心扉，向父亲倾诉一些自己的小秘密和想法。

当孩子说得比较投入的时候，父亲可以紧挨着孩子坐下，并侧身搂着孩子的肩膀。或者是坐在孩子的对面，紧握着孩子的手，用慈爱的目光注视着孩子。在与孩子说话的时候，语调应该柔和一点儿，声音温柔一点儿。与此同时，父亲还要不断地给孩子一些鼓励。这样的沟通，就能有效拉近父亲与孩子之间的关系，从而取得孩子的信任。

对待孩子应该真诚

在与孩子交往的过程中,父亲不要把在外边的"现实""成熟"带到家中,也不要把孩子当成个陌生人一样,说话生硬。而是要真诚地对待孩子,真实地对待孩子,那么孩子也会感受到父亲的态度,从而也变得真诚起来。

敢于向孩子承认错误

在教育孩子的过程中,父亲难免会出现一些错误。如果发现自己错了的话,父亲就要及时承认,并且向孩子说声对不起。

不过在有些家庭中,父亲总是一副"我是家长,我说什么都是对的"的样子,让孩子不敢恭维。即便是父亲真的错了的时候,孩子们也会忍气吞声。长期下去的话,父亲和孩子当然不会进行友好的沟通了。因此,在家庭教育中,父亲不要不好意思,应该放下自己的面子。

要知道,父亲的改变不仅会让孩子感到惊奇,还会增加了孩子的信任,并激发和加深亲子之间的感情。

始终如一

什么叫始终如一?始终如一的大概意思是说:每当某事或某种情况发生的时候,父亲都要用一种方式处理。在教育中,对待孩子的一致性,是孩子对父亲保持一种信任的基础。这种信任是让孩子预先知道父亲的意图,并知道父亲会做出什么样的反应。

这样的话，他们就会觉得很安全。

如果父亲总是变换自己的教育方式，那就会让孩子觉得不安，甚至感到害怕。因为父亲的不定性因素太多了，自己不知道如何应对。

总而言之，父亲要记住：亲子之间不是老板与下属的关系，而是一种平等的、互相尊重的、互相关心的和彼此信任的关系。只有尊重孩子、理解孩子，才能够赢得孩子的信任，知道孩子的心中所想。

亦父亦友，忙爸爸和孩子沟通零距离

在日常生活中，父亲跟同龄人，跟年老的人谈话比较轻松和好理解，但是与孩子聊天的时候，就会发现：要想懂得孩子们的内心世界，那可不是一件容易的事情。

别说跟小孩子了，就连与十几岁的孩子进行沟通，都是十分困难的。实际上，要想流畅地和孩子进行交流，从而破除与孩子之间的隔阂，最好的方法就是：善于聆听孩子的观点。

大家都知道，巴西"怪脚"加林查是人类足球史上享有盛誉的天才。在他很小的时候，就显示出了足球的天赋，并且取得了超人的成绩。虽然他很成功，但在他小的时候，发生过这样的一件事：

有一天，小加林查参加了一场激烈的足球比赛。在比赛以后，几位小伙伴都筋疲力尽了，便想通过抽香烟，缓解一下疲劳。小加林查看到大家都抽了，自己也点了一支。不巧的是，他刚点燃就被路过的父亲看到了。

到了晚上，父亲坐在椅子上问他："你今天抽烟了？"

"是的，爸爸。"加林查低着头，准备接受父亲的训斥。不过父亲并没有训斥他，而是从椅子上站起来，在房间里走了半天才开口说："孩子，你踢球很有天分！如果你勤学苦练的话，将来一定会有出息的！但是你应该明白，作为一名成功的足球运动员，首先要拥有良好的身体素质。可是你今天却抽烟了。当然了，也许你会说'我这是第一次，而且我只抽了一根，以后不会抽了'。但是我想对你说：有了第一次就会有第二次，甚至会有第三次。如果你每次抽烟的时候都会暗示自己'只抽一根而已，不会有问题的'。但时间一长，你就会慢慢上瘾，甚至会影响身体健康。而你想成为一名足球运动员的梦想，有可能也会慢慢消失了。"

在这个时候，父亲又顿了顿说："作为父亲，我有责任教育你向好的方向发展，也有责任制止你的不良行为。但是，向怎么样的方向发展，还是看你自己。"

看儿子不说话，父亲又继续问加林查："你是愿意在烟雾中损害身体，还是愿意做个有出息的运动员呢？我相信你会自己做选择的，对吧？"

话刚说完，父亲就从口袋里掏出一沓钞票，放在加林查面前，说："如果你不愿意踢足球的话，那么这些钱就作为你的抽烟费用吧！"说完之后，父亲便走了出去。

小加林查仔细回味着父亲说的话，忍不住哭了起来。等想好了以后，他拿着钞票，来到父亲面前。

"爸爸，我不会抽烟了！以后，我要做个有出息的运动员！"

从此以后，加林查更加努力训练，并且在球坛上成了风云一时的人物，为巴西足球帝国的建立做出了出色的贡献。

故事中的父亲没有直接批评孩子抽烟，而是通过选择题让孩子自己选择。即便是孩子选择了错误的方向，也会尊重他。在这种交谈的方式中，孩子一步步被父亲牵引着，走向了正确的道路。

美国作家罗恩·塔非尔曾经提出了"平行交谈"，大致的意思就是说：父亲与孩子在交谈的时候，要把谈话的重点放在孩子身上，而并不是谈话的内容，双方也不必互相看着对方。这种面对面的谈话方式不仅会让父亲和孩子都感到轻松，而且还会让孩子在轻轻松松中学会求知、学会做事、学会做人等。

当然了，在交谈的过程中，父亲还要注意从事情到感情、从事情到关系、从一般到特殊等原则，从而让孩子与父亲之间能有话可谈。

还有一些专家建议，父亲最好能把一些不太中听的话，或者是想指责孩子的话写在纸上。家庭关系顾问麦克尔·波普金曾经说过：一般人都认为白纸黑字更加可信，而且可以一看再看。而且，把话写下来，话的分量也会增加一些。

孩子与大人一样，如果父亲能倾听他们说什么，他们会认为自己是重要的、是在别人心目中有价值的，甚至还有被尊重的感觉；反过来的话，他们也会尊重自己的父亲，愿意与父亲分享自己的想法。

有这样的一位父亲：

章先生的儿子正处于青春期，在别人面前有说不完的话，可是在自己面前却不愿多说一句话。为此，他感到十分伤心，不知道如何能改变这样的现状。

在生活中，我们经常看到这样的父亲，他们因为孩子不愿意与自己沟通交流，感到很无聊。在孩子小的时候，他们习惯于以父亲的权威来教育孩子。现在孩子长大了，有了自己的价值观和是非观念了，就不会事事听父亲的话了。慢慢地，亲子之间就有了隔阂。

其实，父亲在与孩子的沟通中，有着一个共同点，就是"说"得太多"听"得太少。在每个家庭中，都有自己固定的沟通模式，这个模式是在孩子从小与父亲共同建立起来的。如果在孩子小时候，想要告诉父亲自己内心的想法时，父亲没有用心去听，那么在孩子长大以后，就不愿意主动去和父亲沟通交流了。

要知道，亲子沟通的关键是"倾听"，很多孩子不愿跟父亲说心里所想的，主要原因就在于父亲的"霸道。"每当孩子刚说了个开头，父亲就便急着下结论，劈头盖脸一顿教训。时间一长，孩子就会觉得是自讨没趣，从而不愿意多说了。

当然了，父亲还应该明确的一点是：现在的孩子已经不像几十年前的孩子一样孤陋寡闻了。他们接触的东西很多，有自己的主见。

如果父亲能够多一点耐心，能够去倾听孩子的话，那么亲子之间的关系就能够有所改善。为了能够与孩子更好地沟通和交流，父亲要学习以下与孩子的交流的技巧和方法。

全身心地投入

在日常生活中，父亲应该走在孩子生理和心理发展的前面，关注孩子的言行举止。一旦发现孩子的苦恼，就要为他分忧解难。如果孩子们遇到什么高兴的事情，就要与其一起庆祝。

不断学习，充实自己

在家庭教育中，父亲应该注重自身的修养，树立自己的威信。试想，如果父亲是一个不爱学习，不懂得去提升自己，只顾着自己的喜怒哀乐的人，又怎么可能培养出学习成绩优秀的孩子呢？因此，为了孩子，父亲应该不断地学习，以提升自己的素质、水平，从而赢得孩子的尊重和爱戴。

多赞美、少批评

相信没有哪个孩子是喜欢批评的，即便是做错了事情以后，也不希望被父亲批评。在这个时候，父亲就不要用暴力的语言和行为去批评孩子，而是帮助孩子分析和解决。当孩子做了什么好事或改正了自己的错误的时候，父亲就应该给孩子多一些赞美，少一些批评。

不要要求孩子十全十美

要知道，世界上没有十全十美的人，不论是多么伟大的人也是如此。因此，父亲不要要求孩子十全十美，而是要学会欣赏孩子的优点，也要允许孩子有不完美的地方。

营造一种良好的学习环境

如果想让孩子学习好，有着良好的行为习惯，父亲就应该为孩子营造出一个良好的小环境。当然了，良好的环境不需要有多么高档，只要氛围好就可以了。比如：在孩子学习时，父亲不要在一旁闲谈；在孩子学习的时候，尽量少在家中接待客人。除此之外，和睦、稳定的家庭气氛对孩子的学习也很重要，为了孩子的将来，父亲应努力创造这样的家庭气氛。

放下架子，改掉陋习

当父亲有什么陋习的话，一定要加以改正，不要去影响孩子。只有父亲放下"架子"，在家庭教育中做到合情合理，那么孩子也会愿意与父亲沟通。

用心沟通,分享孩子的各种情绪

柯灵在《香雪海·岛》中写道:"他分享人们的欢乐,也分担人们的烦恼。"孩子可以从充满童趣的分享活动中真切感受到分享带来的快乐,这对他们正确理解分享以及将来形成健全人格都具有十分重要的意义。父亲的每一次分享行为都会影响孩子分享意识和行为的形成。

有这样的一个故事:

一位父亲给儿子写了这样的一封信:你是一个铁杆球迷,我们都知道!你为了看球,可以不吃饭,甚至可以不睡觉。说实话,我们根本无法理解,对我们来说,足球只是一堆人争夺一个球的无聊游戏。可是你不这样认为,你常常半夜三更爬起来看英超、意甲转播。为了不吵醒我们,你总是把音量调到最低,但是你那被压抑的激动和偶尔发出的大声喝彩,还是会惊醒我们。

当然了,那时我们总免不了对你一顿教训。有一天,我忍不住地想:为什么足球可以这样吸引你呢?看球赛真的能够很快乐吗?我一定要尝试一下。

没过多久,儿子也写下了日记,日记中说道:奇迹果然出现了!不但是塞内加尔的奇迹,而且是我的奇迹——爸爸竟然迷上了足球!天啊,他确实有点疯狂,不仅每天抢着看报纸新闻,还准时观看球赛,关心贝克汉姆,询问罗纳尔多……当我们情不自禁地站起来，激动地给中国队加油的时候，我感觉到我们父子之间的心灵相通。当时，我真的很想对他说：能跟你分享我的快乐，真是一件高兴的事情。

看完这封信，我们忍不住笑了。如果每个家庭中都是如此和谐，那该多好啊！在生活中，我们经常会遇到类似的情况，但我们都是怎么处理的呢？像故事中的这样吗？当然不是！父亲最直接的方法就是关掉电视或电脑，把孩子赶回房间。或者是批评孩子一顿，并警告他。但实际上，这样的方式并不利于父亲和孩子之间的交流。

要知道，亲子之间交流需要花费上一些时间。下面，为父亲介绍一些方法，让父亲懂得分享孩子的各种情绪，这样的话，有利于家庭和谐和促进亲人之间的感情。

分享孩子的快乐

每个人都希望自己的孩子是快乐的，因为快乐的孩子有一种天生的幽默感，并且性格很乐观。只要有这种孩子的出现，周围就会是一片欢声笑语。

在这个时候，父亲应该和他们一起分享快乐，并且说一说自己认为好玩有趣的事情。其实，父亲的关注让孩子会更自信和快乐。

分享孩子的善良

实际上，善良就是关心别人，和别人一起分享内心的美好感受，尤其是那些总是将自己放置在悲伤和孤独中的人。在家庭教育中，父亲可以教会孩子一些道理，比如：与人为善。如果能够感受到善良和爱心，那么他就能意识到自己存在的价值，并在社会或生活中体现自己的价值。最为重要的是，与人为善的孩子不仅能够正确认识自己，喜爱自己，还能够和周围的人友善地相处，快乐地面对生活。

分享孩子的害怕

对于年幼的孩子来说，他们会害怕很多东西，比如：蜘蛛啦、打雷打闪啦、夜里的黑影子啦等。为什么会害怕这些呢？原因是孩子的头脑里总是充满着一些稀奇古怪的幻想。

如果孩子害怕的话，父亲就要引导孩子说话，并让孩子认识到，害怕是能够被克服和战胜的，从而避免孩子因为害怕感到恐惧。

分享孩子的妒忌

年幼的孩子有点妒忌心是十分正常的。妒忌，不仅传达了孩子内心的一种恐慌，也表达了一种对别人的赞同和敬佩。

不过当孩子有了嫉妒心以后，父亲要帮助孩子正确对待妒忌心，并且让孩子看到自己的优点和长处，从而正确评价自己。除此之外，父亲还可以让孩子通过参加集体游戏、参与别人的交谈或共同做某项工作，帮助他们，并慢慢化解妒忌心。

分享孩子的悲伤

不论多大的孩子，总会有一些悲伤的事情，比如玩具坏了、家庭破裂、喜欢的宠物离世；有的时候，是孩子的愿望没有得到满足，从而产生的一种悲伤的情绪。

在这个时候，父亲应该去帮助孩子辨别悲伤情绪，控制好自己情绪，不让坏情绪继续蔓延。在帮助和引导孩子的过程中，父亲还应该鼓励孩子，接纳和转化不良情绪，重新振作起来。

分享孩子的爱

爱能够让孩子感到温暖，让孩子有归属感和安全感。对所有的孩子来说，他们都希望父亲能花更多的时间来陪伴自己，欣赏和关爱自己。在忙碌的日子里，或许父亲很难经常陪伴孩子，但是父亲要让孩子时刻感觉到父亲对孩子的爱。只有在爱中成长的孩子，才会更加懂得爱他人，爱自己。

分享孩子的生气

生气是最难控制的情绪之一。在家庭教育中，父亲要告诉孩子，每个人都有生气的时候，这是人所产生的一种情绪。除此之外，父亲还应该给孩子讲述生气的体验，让他们进入其中的情景，从而有助于他们正确认识生气的情绪，学会以合理的方式控制自己，并且减少不良情绪对自己和周围人的影响。

分享孩子的孤独

在家庭教育中，父亲还应该帮助孩子学会面对孤独。比如："每个人都没有永久依附的人，我们应该学会自己成长。""要学会享受孤独……"

除此之外，父亲还应该给孩子灌输一些坚强、独立的思想，让孩子的内心有种强大的力量，从而懂得如何驾驭自己的情绪。

同乐同忧，朋友的真谛是分享

根据一项调查结果，我们知道了这样的一个结论：平均每天能与爸爸相处两个小时以上的孩子，要比其他孩子的智商高。针对这项调查结果，很多实例和科学研究人员也做了相似的调查，证明这个说法是正确的。

不过，随着职场父亲的增多，大多数孩子都习惯了"在家孤独""宅孩"的感受和生活。大部分父亲认为：只要给孩子吃好的、穿好的、用好的，孩子就会觉得很幸福；他们还认为，只要孩子能够坐在明亮的教室里接受高等教育，那就是幸福……

其实不然，一位职场父亲在总结育儿经验的时候，说了这样的一番话：职场父亲一定要多挤点时间陪陪孩子！你可以把孩子交给保姆，交给老人，但是保姆和老人能代替父亲吗？当然不能！因此，职场父亲不要以忙为借口把孩子推给保姆、老人，而是应该多和孩子聊天、多沟通。

的确，现在的一些年轻父亲把全部精力放在了事业上，忽略了孩子的家庭教育。他们认为给男孩创造了良好的物质条件，就是对的！在这种忽视孩子情感需求的教育中，孩子又怎么能和父亲谈心，沟通呢！等到孩子长大了，父亲也有时间了，可是亲子之间还是有隔阂，不想说些什么。

实际上，要想让孩子感到幸福，父亲绝不仅仅是提供物质上的满足，而是在提供物质上满足的同时，要与孩子在精神上有很好的沟通。比如：每天抽出一定的时间陪陪孩子；在周末的时候，带孩子出去玩；找一个时间，与孩子进行亲子活动等。

只有这样，孩子们说出自己内心的感受，想要和父亲共同探讨，并且寻求父亲的建议和答案。不过，在沟通中，如果不能掌握一定的技巧，那沟通也起不到什么作用。

在生活中，大多父亲都会遇到类似的情形：有时，父亲拖着疲惫的身体，努力地打起精神，想要和孩子好好沟通，但孩子要么没什么话，要么就会用"代沟""没什么"之类的话语打消父亲想要交谈的心。

有的时候，还因为无法正常的沟通，让自己有了一肚子气。慢慢地，父亲越来越不了解孩子，越来越不知道该如何教育孩子。因此，做父亲的要学会与孩子交谈的技巧。下面，教育专家总结出了几点，以供父亲参考：

父亲要理解男孩

在家庭生活中，父亲要多与孩子谈谈心，交流交流思想。这样的话，不仅可以及时了解孩子的思想状况，还能把握到孩子的心理。与此同时，还能够让孩子理解到父亲对自己的关心和爱护。

要知道，这种方式不仅能够促进孩子与父亲之间的感情，使孩子对父亲产生一种信任感，也有利于孩子的健康成长。因此，父亲要尽量抽出时间来陪孩子一起玩，即便是再忙的时候，也应该找出一些空闲的时间。比如：和孩子一起看电视；一起骑车到某处游玩，从而培养朋友般的"友谊"。如果孩子把父亲当作自己的朋友，那么就非常乐意将心里话讲给父亲听。

父亲要紧跟时代潮流，随时更新自己的思想

随着社会的发展迅速，人的思想也会发生不同的转变，比如孩子比较年幼，接受事物本来就快。因此，父亲一定要紧跟时代潮流，随时更新自己的思想。只有这样，才能够与男孩在思想上和行动上相接近，不至于产生无法衡量的距离。

在日常生活中，父亲应该主动与孩子交流，比如：当前流行的一些物品、观点主张等，并且主动学习一些孩子身边发生的事情和感兴趣的东西。这样的话，父亲和孩子在一起的时候，才会有共同语言和谈话内容，从而有效地避免两代人之间无话可谈，影响亲子之间的关系。

学会启动讲话

当孩子回到家中，面露不悦的时候，父亲就应该关心一下孩子的动态，并且抓住机会对孩子好好教育。不过有的时候，父亲总会很粗暴或纠缠，比如"你怎么了？""没事？没事为什么一脸的不高兴""有人欺负你了？"

其实，像这样的语言不仅不会打开孩子的话匣子，还会让孩子感到反感或厌烦。在这个时候，父亲不如说"下课时，和谁玩？""最近的美工课，你们做哪些东西？""听说别的学校组织活动了，你们学校呢？""现在很流行×××，你们学校也有吗？"……像这样的问题，比较容易引男孩打开话匣子。当然了，如果男孩不愿意马上谈的话，父亲也不要逼迫，而是告诉孩子"好吧，什么时候告诉我都行"。

对于那些生性比较内向的孩子，父亲需要更长时间的启发，才能够引起他的共鸣。比如：给孩子讲一些故事或者是搂着他静静地坐着。最终，男孩就会受不了父亲的糖衣炮弹，从而一一说出自己的想法。

避免粗暴尖刻的言语

在现实生活中，有很多父亲在不经意之间就伤害了孩子的自尊，比如："你真是个没出息的东西。""你看看人家邻居的孩子，学习多好啊！你怎么就这么笨呢？""你真笨，连这样简单的问题都不会。""我怎么生出了你这样的孩子呢！"

类似于这样的语言，不仅不会激励孩子，还会严重挫伤孩子的自尊、自信。最可怕的是，孩子的心理创伤会伴随自己的一生。严重的话，孩子还会痛恨父亲的尖酸刻薄。

与孩子闲谈家常、诉说心事

对于那些比较内向的孩子，父亲要学会启动讲话，主动与其谈话。比如：聊聊晚上要吃的饭菜；可以与孩子玩家庭中的游戏等。

这样可以让孩子放松警惕,说出自己的想法和意愿。

总而言之,想要让孩子多说话,父亲首先要多说话,这样才能引导和启发孩子多说话。

换位思考,孩子的世界其实并不懂

"孩子怎么还不回家啊!""都这么晚了""孩子怎么能这么讨厌家呢!"……当孩子游荡在外,回家晚,甚至夜不归宿的时候,父亲着急上火,弄不清楚原因。他们想:孩子怎么会变成这样,怎么会与父亲之间的距离这么大呢!

实际上,孩子变成今天的这个样子,与父亲脱不了干系。像孩子的这种情况就是父亲让他们失心了。什么叫失心呢?失心就是父亲与孩子之间没有建立起良好的沟通桥梁,孩子觉得父亲根本不了解自己。慢慢地,父亲和孩子之间的距离就会愈来愈疏远,而"家"对他们来说,也变得愈来愈不重要。

慢慢地,孩子就变得不喜欢回家了,连心也不在家里了。像这种人在心不在的情况,持续下去,就会发生离家出走行为。因此,父亲应该在孩子还没有"失心",没有离家以前,就抓住孩子的心,以免亡羊补牢,为时已晚,酿成大错啊!

有这样的一个故事:

小健的父亲常年在外地工作,十分忙碌。由于不能够很好地照顾小健，便在他上小学五年级的时候，把他送回了老家。在日常生活中，主要是爷爷奶奶负责照料他的生活起居。每隔几天，父亲就会给家里打个电话，询问孩子的学习和生活情况，了解一下小健的思想状态。可是，小健似乎不愿意和他们聊天。

"儿子，你在家里乖不乖啊？有没有听爷爷奶奶的话？想不想爸爸？"在一接上电话的时候，爸爸便迫不及待地问了这些问题。

"嗯，还好。"小健在电话那头简单地回答。

"儿子，最近学习怎么样了？有没有考试，你的数学成绩有没有进步啊？你们的班主任……"话还没说完，小健就打断了他的话。

"爸爸，你等一会儿，奶奶想跟你说话。"还没等爸爸反应，小健就放下话筒，喊奶奶接电话去了。

见孩子这样的反应，爸爸有些沮丧。虽然他们远在外地，但是他们很关心孩子的学习情况和生活，也非常想多跟孩子多多交流。他觉得只要听到孩子的声音，多从孩子口中了解一些情况，他就心满意足了。可是，孩子的反应让他不知道说些什么好。

实际上，故事中的爸爸很关心孩子，也十分渴望与孩子进行良好的沟通和交流，可没想到孩子却不愿意多与他交谈。其实，问题并不是完全出在孩子的身上，绝大部分是出在父亲身上。可以看出，爸爸十分想了解孩子的近况，但却忽视了孩子的内心感受。要知道，与孩子交流的时候，先要抓住孩子的"心"。如果抓不住孩子心的话，那孩子肯定不会把自己心中所想的告诉父亲。

就像小健的爸爸在和孩子交谈之初，一张口说的就是孩子的生活状况和学习情况，根本没有在意过孩子的快乐和烦恼，也没有真正让孩子感受到父亲的关怀和爱心。即便是孩子想要交流，也会因为父亲无法解决到问题而不想说。实际上，孩子是想和父亲交流的，想要得到父亲的一些指导。可是爸爸总说一些学习啊等状况，让他很是反感，从而对爸爸封闭了心扉。

为人父亲的，都是关心和爱护孩子，他们希望和孩子建立良好的关系。但在生活中，一些父亲在与孩子交谈的时候，经常是不能很好地理解孩子的内心感受，自顾自地说话，结果这不仅没能实现亲子之间交流的目的，还会让孩子很反感。事实上，在与孩子交谈的过程中，要想取得良好的效果，就要先抓住孩子的心，这对亲子之间的交流十分重要。

要想做到这样，父亲需要注意如下一些方面：

1. 父亲应该走出只关心孩子学习而忽视孩子在其他方面成长的误区，要把注意力放在孩子的全面发展，并且给予孩子一些鼓励和支持，帮助孩子更好地成长。

2. 父亲应该设身处地地考虑一下孩子的内心感受，多多了解孩子内心深处的真实想法，尽量在交谈中说一些孩子真正感兴趣的事情，这样才能引起孩子的注意力，从而把心交出来。

3. 多给孩子灌输一些正面的引导，多让孩子明白父亲是站在自己这边的。比如："我理解你现在的心情""我知道你现在很恼火，但要知道父亲在你身边""我们会一直支持你"之类的语言。

有这样的一个故事：

爸爸是一家医院的主治医生，平时工作十分忙碌，总是抽不出时间来陪伴孩子，可一有时间，他总会抓住时间跟孩子谈谈心。

有一次，爸爸见儿子的情绪有些低落，便问："儿子，怎么了？你今天看起来好像不太高兴啊。"

儿子瘪着嘴说："没什么，英语考级成绩出来了，这次考得很差。"

"啊？怎么会这样呢！英语不一直是你的强项吗，你上次还考了全班第一呢！是不是最近遇到了什么困难啊？"

接着，儿子就把自己的困扰说了出来，而爸爸也针对他的烦恼给出了自己的意见。在爸爸的帮助和引导下，儿子的学习成绩也提高了一些。

从这个小故事中，我们发现：会"说话"的父亲才能够抓住孩子的心；只有抓住孩子的心，才能够很好地与孩子进行交流。

学会倾听，给孩子真实表达的机会

在家庭中，父亲总是把孩子当成不懂世事的孩子，认为他们没有什么烦恼和想要说的话。但实际上，这种想法是错误的。每个人都有自己想要说的话，包括孩子。

因此，父亲一定要耐心去倾听，才能够真正了解到孩子的想法和感受，亲子之间的关系才能变得更好。

有这样的一个故事：

小栋今年10岁了，是一名小学三年级的学生。最近，老师觉得小栋很奇怪，以前他非常活泼开朗，上课积极发言，可现在却变得沉默寡言，经常是一个人发呆。

经过老师的一番询问，才知道了小栋不爱说话的原因：以前，每当小栋放学回家以后，就会把学校发生的趣事讲给父亲听，可是父亲总是觉得这些话没有用。要知道，他的父亲是一个非常严格的人，把全部希望都寄托在小栋身上，希望小栋能考上大学，将来能够出人头地。可小栋似乎不把这些当成一回事，而是喜欢说一些学校的小事。

因此，每当小栋兴高采烈地说这些时，父亲就会立即打断他："整天只会说这些废话，一点用处也没有，你要是把这些心思放在学习上多好，快去写作业！"慢慢地，小栋就不说了。

有一次，班里发生了很有趣的事情，小栋迫不及待要和父亲分享。正要说的时候，父亲厉声道："说了你多少次了，让你别说这些废话，你还说！以后再说，看我不收拾你！"

父亲的样子让小栋感到很害怕，便不敢再说，只得回到自己房间里去了。时间一天天过去，小栋的话越来越少了。每天放学后，他就把自己关在房间里，吃饭的时候才出去。周末放假，父亲也不准他出去玩。慢慢地，小栋在学校也变得沉默寡言了。

看完这个故事，我们不由得感叹：父亲可以造就一个孩子，也可以毁了一个孩子。虽然孩子的主要任务是学习，但是除了学习，更重要的就是拥有一个好的个性。故事中的小栋原本是一个活泼开朗、积极的孩子，可是在父亲的压迫下，他变得越来越沉默寡言了，甚至还影响了学习。

在这种家庭教育方式下，孩子们又怎么会开口跟父亲讲心里话呢？父亲要想一想，平时有没有以下行为：

当孩子有话与你说时，父亲总是以"忙"为理由；

当孩子兴致勃勃地诉说时，总是不耐烦地将其打断；

在孩子想要与你交流的时候，父亲总是沉默对待。

有很多父亲对孩子在生活上非常关爱，可他们却没有做到真正平等地对待孩子，注意孩子自尊等方面。当孩子在学习和生活上有什么问题，想要向父亲诉说的时候，父亲就打断，不让孩子把话说完。有的时候，父亲认为孩子不成器，便是非打即骂。

对于父亲的这种反应，孩子只能将话咽回去。据某一项调查显示：有70%以上父亲承认没有耐心听孩子说话。

由此可见，父亲的行为对孩子的伤害有多大。当孩子的想法得不到父亲重视的时候，他们只得把秘密，把想说的话埋藏在心里。这样的话，父亲就不会知道孩子所想，不知道如何去教育孩子了。

久而久之，不仅是亲子之间的关系有问题，就连沟通也有问题了。教育专家对此情况做了调查，调查结果显示：70%～80%

的孩子心理问题与家庭有关，特别是与父亲对孩子的交流沟通方式不当有关系。除此之外，父亲不让孩子把话说完，也是影响孩子的一个原因之一。比如：不利于孩子语言表达能力的提高；会让孩子产生自卑情绪。要知道，孩子诉说内心的感受，是提高自己的表达能力和增强社会交往能力的一个机会。

在生活中，每个人都渴望有人听自己说话。但是在大多数的情形下，人与人之间不能良好的沟通，就是因为有人说话的时候没有人听。如果父亲能对孩子的倾诉多一点耐心，不急于打断孩子的话，那么孩子在遇到什么事情的时候，就会向父亲倾诉，并且与父亲建立良好的沟通。

因此，在日常生活中，父亲要引导孩子说出自己的话，说出自己的想法，并与之交流，比如：倾听一段谈话、一个故事和一个电视节目。让孩子全身心地投入到谈话之中。交谈需要花费每个人的一些时间，最好让孩子与父亲一起在轻松的气氛中进行。在谈话的时候，可以让孩子自由发挥，不要有什么仪式安排或预期达到的结果，并尝试着与孩子随意交流观点和看法。

听到儿子的这些话，爸爸不由得感到欣慰起来，并开始庆幸没有在没有问清楚之前就批评儿子。

父亲多陪伴孩子，耐心地倾听孩子的内心想法，不仅对他们的身心健康重要，而且对他们今后养成良好的性格也很重要。实际上，倾听孩子的话是教育孩子最有效的途径，父亲只有耐心地倾听孩子的话，才能看清孩子的内心世界。

第六章
DILIUZHANG

种植智慧，好爸爸是孩子的好老师

学习：在错误的道路上狂奔，白费劲

在家庭教育中，父亲最担心、最操心的就是孩子的学习成绩。他们抱着"望子成龙，望女成凤"的信念，想要孩子学有所成。但是，由于孩子在儿童期学习习惯没有形成，自主性弱，他们做的总是不能如父亲的愿。

实际上，孩子的学习成绩无法提高，除了自主性弱、没有良好的学习习惯外，还有很多原因呢！我们只有弄清楚原因，才能够让孩子的学习成绩更上一层楼。不然的话，孩子的"盲目努力"只会在错误的道路上狂奔，白费功夫。

不懂大脑规律

学习要用巧劲，不能死记硬背，也不能光说不练。要知道，大脑有它的运作模式，如果孩子能够熟练掌握这个模式，就能事半功倍；如果不顾大脑的规律，那就相当于是逆水行舟。因此，不会有什么大的进步。

缺少激励

在父亲或亲人的鼓励下,孩子们总是会用尽全力去拼搏,不管结果是怎么样的,至少他能够问心无愧。如果缺少父亲或亲人的鼓励,那么孩子就会在意志薄弱的时候,松懈下来。

在日常生活中,父亲应该偶尔鼓励一下孩子。当然了,父亲也不需要把鼓励挂在嘴上天天说,那样就达不到激励的效果了。

人际关系有压力

有的孩子很聪明,也十分努力,但是他的学习情绪却不高。在这个时候,父亲家长就需要留意,孩子为什么会出现这样的情况?比如:在学校遇到什么不愉快的事情;有可能是和同学闹矛盾了;有可能是被老师误解了。

总之,父亲一定要注意一些小小的问题,任何的小问题都有可能打垮孩子,甚至会影响到孩子将来参与到社会中的道路。因此,父亲要引导和帮助孩子解决人际问题。

缺少方法

在日常生活中,无论我们做什么事情都需要有效的方法,学习更是如此。因此,父亲一定要教给孩子一些比较好的学习方法,帮助和引导孩子,让孩子取得学习上的进步。

缺乏兴趣

大家都知道,兴趣是最好的老师,只要孩子对某一门功课产生一定的兴趣,那么他就会不由自主地学习。在这个时候,父亲就需要靠自己的智慧,将孩子喜欢的和不喜欢的科目结合在一起,从而提高孩子的学习兴趣和能力。

消极情绪

如果父亲总是说"你真笨""你要是考了前三名,我的姓就倒过来写"之类的话,那孩子肯定就没了兴趣,甚至产生一种消极的情绪。在孩子眼里,认为反正父亲对自己不抱什么希望,他就不会去努力,而是"顺其自然"。

因此,在生活中父亲一定要给孩子灌输一些乐观的、积极向上的一些观念,让孩子丢掉消极情绪。

懒惰

懒惰是很多人的通病!如果父亲懒惰的话,那么孩子也很可能是懒惰的。如果父亲是勤快的,那么孩子也常常是勤快的。

在孩子年幼的时候,特别喜欢玩。如果父亲总是限制他,制止他的话,那孩子就会在其他方面来偷懒,以"报复"父亲的行为。在这个时候,防止孩子懒惰的最好方法,就是激发他的兴趣,让他觉得闲着没有意思,动起来才有趣。

财商教育,给予孩子驾驭金钱的能力

现如今,"你不理财,财不理你"的观念已经让人们达成了共识。在理财越来越受重视的 21 世纪,教育孩子理财也是一个让父亲比较关注的方面。

教育专家、心理学家认为：孩子从 3 岁的时候，就已经有了经济意识。为什么会这样说呢？这是因为他们已经萌发了花钱的念头。在这个时候，父亲就可以针对孩子的好奇心，从生活点滴上培养孩子对钱的认识，从而培养孩子的理财意识，让孩子的财商与德商、情商、智商共同发展。

在孩子还年幼的时候，正是人格发育的重要阶段。在这个时期，孩子的价值观正逐渐形成，如果能够让孩子形成一个健康的财富观和良好的理财习惯，会让他受益一生。

当然了，孩子在接受财商培养的时候，都有一个关键期。比如：语言训练，是 2～4 岁的时候，是十分关键的阶段；数学和思维锻炼，是 4～6 岁的时候，是十分关键的阶段；而对于理财能力来说，最关键的阶段就是 5～14 岁。如果教育提前的话，由于孩子的认知能力没有达到一定程度，就不会收到很好的效果。如果等到孩子超过 14 岁的时候再教育，那么孩子就会有意无意地通过电视、报纸等途径，来建立起自己的理财习惯。

实际上，让孩子学会理财教育是一门学问。父亲应从早着眼，从小事着手，让孩子生活在多劳多得、劳有所得的环境中，形成一个善于理财的品质和能力，成为支配财富的主人，从而让孩子今后的财务收支是明确的和清晰的。

在经济迅速发展的今天，教育显得比历史上的任何时候都要重要。工业时代里，孩子们只需要好好学习，顺利从学校毕业，并能够顺利地找份安全有保障的工作,那一生就有了保障。可是在信息时代,"上学、拿高分、找份安全有保障的工作"的生活方式已经不再适应这个时代。现在的生活方式已经变成了:上学、拿高分、找工作,在职位上接受再培训,然后,再找个新公司,换个工作,再接受培训……

很显然,信息时代的人要比工业时代的人累,因为要不停地去接受新的东西,要适应不同的岗位,还要面对各种各样的竞争和诱惑。为了不让孩子在金钱上犯难,不让孩子做金钱的奴隶,父亲就应该从小培养孩子的"财商"教育。

有些人用银行存款数额、个人拥有的净资产来衡量一个人的财商。他们认为:财商就是你能挣多少钱的能力。

但实际上,这是一种非常片面的看法。关于财商,理财专家说:"财商与你挣多少钱没关系,它是测算自己能留住多少钱以及让这些钱为自己工作多久的指标。随着一个人年龄的增加,如果钱仍然不断给你买回更多的自由、幸福、健康和人生选择,那么就表示着你的财商在增加。"

从理财专家的话中,我们可以知道:财商与你拥有的钱,与挣多少钱没有多大关系,财商可以经过培训和教育而得到增加。

财商是每个人都拥有的,只不过有些人的财商比较低,所以他们一生都在为钱工作,在财务困境中苦苦挣扎。另一些拥有较高财商的人就可以终其一生快乐、健康、富裕、不用为金钱的问题而担忧。

在今天的这个社会，孩子们算是幸福的，他们没有什么战乱之扰，不会了解到饥饿之忧，不会体会到贫穷之苦。相反的，他们生活在电脑、网络、牛仔裤、麦当劳的时尚潮流之中，享受着一切高科技所带来的方面。但在此时，我们又不得不担忧：父亲除了给予他们舒适、富足的生活和足够的零花钱外，还给了他们什么呢？

在这样一个高速发展的信息社会，孩子是不是能够接受一切挑战？能不能适应世界的改变，从而运用自如呢？

一位经济学家曾经说过：孩子不能在金钱无菌室里培养。也就是说，在家庭教育中，对孩子进行金钱教育是不可或缺的。明智的父亲就要懂得从小开始培养孩子的财商。要知道，优秀的孩子是良好教育的结果。

有的父亲认为：让孩子学习理财，是一种比较庸俗的事情，不想让孩子过早地与金钱接触。其实，这种思想是不对的！理财并不是什么庸俗的问题，而是帮助孩子走向成功的途径之一。

与其回避理财这个问题，让孩子们将来受苦，倒不如以积极主动的姿态去面对问题——让孩子从小懂得金钱的使用规则、价值以及社会对金钱的看法，并能够把金钱与人格的关系引向健康而非扭曲的状态。

一位经济学家说得好：孩子不能在金钱无菌室里培养。因此，父亲一定要让孩子从小接触到金钱，并让孩子懂得金钱的价值。

在生活中，孩子们难免会为自己购置一些东西，为他人购买一些东西，也需要对自己喜欢的东西进行投资。也就是说，生活中处处都需要用到钱，有用到钱的地方就需要理财教育。

前不久，潍坊市的一所中学对学生进行了一次调查，调查的内容是："假如我有1000万"。没想到，调查的结果却让人们哗然。在被调查的学生中，有不少学生在1～2天内就把1000万"花"完了，完全没有一点理财意识。如果他们真的有1000万的话，那么这笔财富就将失去原有的意义和价值，从而变成手中的泡沫。

对孩子进行理财教育，当然不是让孩子去听一些经济学家讲的课，也不是让孩子去乏味地了解通货膨胀、房价波动的原理和股市的动态。要知道，这些东西十分深奥，并不是容易理解的。如果不停地给孩子灌输这些东西的话，那无疑是对牛弹琴，不仅浪费孩子的时间和精力，还会让孩子产生一种厌烦的情绪。

实际上，培养孩子理财，懂得一些理财的知识，简单来说，就是让孩子明白一些简单的金钱规划原理，比如：自助游的花费、各国的物价、交通费用、日常生活的开销等。

当然了，父亲要记住：对孩子进行财商教育最为重要的一步是：在你给孩子金钱之前，首先给予他们驾驭金钱的力量。在孩子年少的时候，培养孩子的财商非常重要。如前所述，信息时代的规则在发生改变，如果父亲希望孩子终生幸福，不为金钱的问题担忧的话，就应该在孩子还小的时候就培养他们的财商。

那么，如何对孩子进行财商教育呢？下面可以分为几步进行：

注意自己和孩子的语言

在家庭教育中,父亲不要在孩子面前说或者允许孩子说"我买不起"等之类的话,而是应该说"我怎样才能买得起?"

让孩子做有关财商的家庭作业

在日常生活中,除了让孩子完成学校的家庭作业外,也应该对孩子进行财商教育。因为我们知道,现行的学校教育已经不能满足孩子们未来的需要,所以应该在学校之外接受有关"财商"的教育。孩子们的课外"财商"教育作业可包括:玩"现金流"游戏,用假钱模拟参与股市交易等。

了解并掌握至少一千个财经、金融词汇

对于希望提高自身和孩子财商的父亲来说,自己的财商教育也很重要。如果一个人想要致富的话,最好在自己熟悉的领域里开始。试想,如果父亲连资产、负债、净利润等词汇的含义都不了解的话,那还谈什么致富,还谈什么去教育孩子,提高孩子的财商呢!

帮助孩子设计成功"赢配方"

要知道,每个人的成功都需要各方面因素的陪衬和帮助,即便是孩子,也不例外。在家庭教育中,父亲可以帮孩子设计一个成功"赢配方",从而让孩子实现一生的幸福、舒适、富裕、健康和自由。

在孩子年幼的时候,非常容易受到学校和社会各方面的伤害

和打击。让孩子拥有自信，留住孩子与生俱来的天赋和才华，是父亲最光荣而伟大的职责。在此基础上，父亲就可以帮助和引导孩子，学习财商教育，从而做一个懂得理财的人。

保持孩子思维的活跃度

在日常生活中，我们经常会看到这样的现象：有的孩子在上小学的时候，成绩总是名列前茅，到了初中或高中后，学习成绩直线下降……而有的孩子在上小学的时候，调皮捣蛋，不爱学习，每次考试成绩都排在班级最末几位，可到了初中或高中后，学习成绩一路飙升。特别是在男孩中，这种现象是最常见的！

面对孩子的变化，父母感到非常疑惑：这到底是为什么呢？一个原本成绩优秀的孩子，怎么就变成了中等生或差生了？

其实，道理很简单。在孩子小的时候，学习的课程比较容易，只要他们顺从父母——死记硬背，认真听讲，就能轻松获得好成绩。随着年级的升高，学习的知识越来越难，"死记硬背，认真听讲"的学习模式已经跟不上了。

有这样的一个故事：

曾经，有这样的一道题：树上有10只鸟，开枪打死了一只，还剩几只鸟？这是一个脑筋急转弯，相信大多孩子会抢着说"9只"或"一只不剩"，因为被枪声吓跑了。

当爸爸问杰克的时候,杰克没有吭声,而是安静地坐着思考。

爸爸问:"杰克,你觉得是几只呢?"

杰克一本正经地问爸爸:"在市区里打鸟不是犯法的吗?"

爸爸:"我们可以假设不犯法。"

杰克:"那打枪人使用的是什么手枪呢?是无声手枪吗?"

爸爸:"不是的!"

杰克:"枪声有多大?会不会震得耳朵疼?"

爸爸:"肯定会疼的!80分贝~100分贝吧。"

接着,爸爸有些疑问,问杰克:"这些问题跟答案有关吗?"

杰克:"有关的,爸爸。可是,您确定那只鸟真的被打死了?"

爸爸显得有些不耐烦:"确定!你只要告诉我还剩几只就行了,OK?"

杰克:"OK,树上有没有关在笼子里的鸟?"

爸爸:"没有!"

杰克:"边上还有没有其他的树?边上的树上有鸟吗?"

爸爸:"没有!只有这一棵树。"

杰克:"有没有残疾的或饿得飞不动的鸟?"

爸爸:"没有!"

杰克:"鸟里边有没有聋子,听不到枪声的?"

爸爸:"没有!"

杰克:"有没有傻得不怕死的?"

爸爸:"都怕死!杰克,你到底知道还剩几只吗?"

杰克："还有最后一个问题，爸爸。算不算怀孕在妈妈肚子里的小鸟？"

爸爸："不算。"

"哦，如果您的回答没有骗人，打鸟人的眼也没有花，"杰克满怀信心地说："打死的鸟要是挂在树上没摔下来，那么就剩一只，如果掉下来的话，就一只不剩。"

如果遇到像杰克这样喋喋不休的孩子，相信有很多父亲会抓狂的！他们会想：天啊！这孩子的问题太多了。虽然故事中的爸爸也感到一些不耐烦，但还是回答了杰克这些看似不是问题的问题。

实际上，我们应该感到欣慰。故事中杰克的思维没有像常人一样被禁锢，是啊！脑筋急转弯的答案怎么会有统一的呢？只要孩子答得合理，就是正确的答案。当孩子们也像杰克一样问父母们一些乱七八糟、没有根据的问题时，父亲不要觉得不耐烦，而是要庆幸孩子的活跃思维，并且要引导孩子拓展自己的思维。

要知道，思维是一种思想活动的规律，也就是人们常说的思维方式。当人们在看到某些现象或解决问题的时候，都会使用一种定向的思维方式去思考，而这就是思维规律的一种体现。父亲应该努力地、耐心地帮助孩子寻求心理上的一种稳定，应当让孩子们早些支配他们大脑的思维规律。当然了，父亲最好让孩子们感觉到这是与生俱来的能力。当孩子们知道自己拥有活跃思维的时候，就会沿着自己的路线发展，从而在大脑中确立自己的思维方式。

像这种教育方式,就是在鼓励孩子运用自己的好奇心和思考,产生和发展创造性思维的过程。比如,孩子问父亲"为什么铁不能浮起来,而木块能浮起来呢?"父亲最好不要直接回答,而是为孩子提供一些工具———一个能装水的容器和天平,再准备一定量的水、木块、铁块的重量,然后再让孩子研究。在这样的启发下,孩子就进行了一次思维能力的训练。

在对孩子进行思维能力的训练,塞德兹做得就非常好。塞德兹认为:培养孩子的兴趣并不困难,困难的是如何去引导孩子今后的路。因此,要想拥有一个100分的孩子,父亲必须要明白:"引导"占了99分。

一天,小塞德兹正在看一本关于达尔文的进化论的书籍,书中用生动的语言描述了生物进化的过程,而且还配了一些有趣的插图。

"爸爸,进化论中说人是由猴子变来的?"小塞德兹问道。

"我不知道是不是真的对,但达尔文的理论是有一定道理的。"塞德兹这样回答。

"既然人是由猴子变的,那么为什么现在人是人,猴子仍然是猴子呢?"小塞德兹继续问。

"因为在进化的时候,猴子之中的一群进化成了人类,而另一群却没有得到进化,所以它们仍然是猴子啊!"塞德兹说道。

"这恐怕有问题!"小塞德兹怀疑地说。

"什么问题?"

"既然是进化论,那么猴子们都应该进化,而不光是只有一群猴子在进化啊。"

"你为什么会这样认为呢?儿子?"

"我觉得在进化的时候,另一群猴子也应该得到进化,变成一群能够上树的人。"小塞德兹睁大双眼。

"那是不可能的!儿子,事实上在进化的时候,确实有一批猴子没有得到进化,所以它们只能是猴子……"塞德兹说。

"为什么啊?"小塞德兹依旧问塞德兹。

"据我所知,会有一群猴子由于种种原因不得不在地面上生存,它们的攀缘能力会慢慢退化,然后学会了直立行走。经过漫长的进化,它们就变成了人类;而另一群猴子,它们仍然生活在树上,没有任何变化,也因此它们得不到任何进化。"

"我似乎明白一点儿了……可是,它们为什么要进化呢?如果人能够像猴子那样灵活,可以爬树,可以攀爬……这不是更好吗?"小塞德兹接着问。

"在四肢的灵活度上,确实猴子比人要强得多。可是,在脑袋的灵活上,人却比猴子强得多。"塞德兹耐心地回答。

"可是,大脑灵活又有什么用呢?又不能像猴子那样到处攀爬……"小塞德兹说。

"当然了,身体灵活也很好,但仅靠身体的灵活是不够的。只有脑袋灵活,人才能够创造出更多的东西,能够创造出文明。"

"为什么要创造文明?"

"因为文明代表着人类的进步。"塞德兹回答道。

……

如果是你的儿子在问这些问题,你会耐下心来回答问题吗?面对这样没完没了的问题,你们会不会感到厌倦?可塞德兹却尽自己最大的努力,回答自己能回答的,说出自己能说的,为孩子一一解答。

虽然孩子不是特别明白其中的含义,但在问答中,孩子会产生一定的思考,从而把这种思考带到生活或学习中。待长大一些,掌握的知识多一些,他的这些问题就会一一解答出来了。

在日常生活中,如果孩子提出一些"荒唐"的问题,父亲要耐心地回答孩子,并且要鼓励和引导孩子。当孩子有了某些进步的时候,父亲就要给予一些鼓励。相信孩子的思维会更灵活,学习上也会取得一定的进步。

注意培养孩子的创造力

创造力是孩子智力和能力的标志,也是决定能否成才的重要因素之一。有的父母认为只要孩子聪明,智商高就一定有创造力。有的孩子智商很高,但在长大以后却没有任何创造性,一生都是平平淡淡的。

实际上，创造力是可以后天培养的。如果孩子生活在一个民主的、宽容的家庭中，那么他就会健康成长，思维活跃，想象力丰富。如果一个孩子生活在"专制型"的家庭中，那么他就会处处谨小慎微，思维受到压抑，即使孩子在小学阶段是一个好学生，但随着年龄的增长，由于思想上长期的禁锢，他会在今后考大学或是步入社会之后，受到一些阻碍，取得不了什么大成就。要知道，竞争如此激烈的社会需要的是有创新精神的人。

有一种毛毛虫天生具有"跟随者"的习性，它们盲目地跟随前面的毛毛虫走。因此，法国科学家法伯做了一个"毛毛虫之死"实验。首先，法伯把若干个毛毛虫放在花盆周围的边缘上，首尾相接围成一圈，然后在花盆周围撒上了毛毛虫爱吃的松针。只见，毛毛虫一个跟一个，绕着花盆边缘一圈又一圈地爬。很快，一个小时过去了，一天过去了，毛毛虫还是没有改变方向，不停地爬。直到它们爬了七天七夜之后，因为饥饿和精疲力竭而死去，尽管距它们不远的地方，就有它们爱吃的松针，但它们还是没有做出改变，而是盲目地跟随着其他毛毛虫。

如果它们其中有一个做出改变，那么它们也许不会死……在实验结束后，法伯在实验笔记中写下一句耐人寻味的话："在这么多毛毛虫中，只要有一只稍与众不同的毛毛虫，那它们就能立刻避免死亡的命运。"

同样的道理，如果孩子们也像毛毛虫一样，喜欢跟随着别人走，那么他们今后的学习和发展也会受到影响。只有那些不囿于条条框框、充满好奇心的孩子、敢于向书本叫板的孩子,才有可能取得胜利,因为他们乐于寻找自己感兴趣的新事物,勤于思考、敢于质疑、勇于创新。下面,我们来给父亲介绍一下具体的方法,以达到培养孩子创造力的目的。

培养孩子的逆向思维

有这样的一个实验:在对孩子进行数学教育时,有的父母会问"1+4=? 2+3=? 3+2=?"……他们只注重孩子是不是能做对,强调每道题的结果;而有的父母们,会在孩子做完题的时候,再进一步引导孩子,比如:"5等于几加几呢?"这样的话,孩子就会通过动脑想到5=1+4=4+1=2+3=3+2,从而培养了自己的逆向思维。而这种逆向思维的培养,也对孩子的创造思维和学习能力有着十分重要的作用和影响。

善于启发孩子

有这样的一个故事:

有个学生,由于在中考中文科发挥失常,所以只考取了一所普通高中。不过,在几次全省数、理、化竞赛中,这位学生却取得了十分好的成绩。对此,很多人都感到很惊奇,觉得不可思议。要知道,他所在的只是所普通高中,在竞赛之前,老师根本没有对他进行过任何的单独辅导,而且他做的数、理、化课外题也非常少。可就是这样的情况下,他却能在竞赛中脱颖而出,最终取得胜利。为了寻求真相,人们都纷纷问这个学生是怎么做到的。

这位学生说，每次做完作业以后，都得把作业给爸爸看。虽然他的爸爸只是个有初中文化的农民，但他在教孩子上面有着自己的一套办法。

在家庭教育中，他属于"既管又不管型的"。为什么会这样说呢？其实，他很少检查孩子的作业，而是当孩子做完作业的时候，他会一边干活，一边要求孩子把做题的思路讲给自己听，前提是必须让他听明白。这位爸爸说："你要是真的会了，就一定能给我讲明白，如果讲不明白，证明你还是不会！"

就这样，孩子做的每一道题，不光认真地做，还必须把每一个细节弄清楚。等把思路捋顺之后，孩子就会把这些题讲给爸爸听，并且要回答爸爸的任何疑问。

从小到大，虽然孩子很少做课外题，但他上课的时候非常认真。不仅要听得懂老师讲的每一道题，还很注意老师解题的思路、讲解的方法等。也因此，他的理科成绩十分优秀，并能在竞赛中脱颖而出。

从故事中，我们看到了一个富有创造力的孩子，但他的创造力是在爸爸的启发和疑问中得来的。在这样的家庭教育中，男孩的创造力自然得到了发展，并在日后的学习中取得了不错的成绩。

培养孩子的想象力

著名心理学家经过研究表明：一般人只用了大脑想象区的15%，要开发其他处于"冬眠"状态的地方，可以从培养孩子想象能力入手。比如"会飞的房子、会改错的铅笔、会吐铁轨的火车等。要允许孩子异想天开，父亲也要有一颗"童心"，引导孩子们对一个问题寻找多种答案，从多方面考虑问题，防止定向思维的形成。

比如：父亲可引导孩子说出"砖头的用途"，答案越多越好：造房子、砌院墙、铺路、刹住停在斜坡的车辆、压东西、当锤子用、搏斗的武器……再比如：当家里买了一条鱼，父亲就可以问孩子：这条鱼是什么品种。除了这种能吃的鱼，还知道哪些种类的鱼等。

实际上，生活中的每一件东西，都可以启发孩子的想象力，从而进行多角度思维的训练，从而培养出孩子的创新性思维。

培养孩子的兴趣

当孩子对某项活动产生了十分浓厚的兴趣时，他会积极地参加这项活动。在活动中，孩子就会不断地开动脑筋，获得相关的知识技能，从而进一步改进活动的内容和方法。

培养孩子的独立性

在家庭教育中，很多父亲认为：听话、顺从、不调皮捣蛋的孩子才是乖孩子、好孩子。有的父母娇惯、溺爱孩子，怕添乱，不鼓励孩子做力所能及的事。

但实际上，父母们应该相信孩子，让孩子动手做一些力所能及的事。当孩子遇到困难时，就要鼓励和启发孩子努力克服和解决，不要事事代办。

珍惜孩子的好奇心

可以说,好奇心是孩子的特点之一,是探索知识奥秘的动力。孩子的好奇心愈强,他的想象力就愈丰富,创造性就愈高。

在生活中,孩子对很多事情都感到好奇,凡事都想弄个明白。比如:孩子想知道为什么手电筒会发光;为什么不倒翁推不倒;为什么一按按钮,电视就出现人像等……于是,他们就会把手电筒、不倒翁拆开,捣鼓电视。

而孩子的这些做法都是出于好奇心,而这也是探求和创造的动力源。要知道,牛顿也是从苹果落地得到启发,后来发现了"万有引力";瓦特在年少的时候,也曾经为壶盖被水蒸气顶起而产生好奇心,从而发明了蒸汽机。因此,父亲要引导孩子大胆去想,允许他们创造性地尝试。

培养孩子良好的个性品质

从古至今,凡事能够做出巨大贡献的、富于创造的人都具有一些良好的个性品质,比如:热爱事业、兴趣广、态度乐观、自信、有忍耐力、持之以恒、坚强等。

因此,父亲在重视和开发孩子的智力的时候,不能忽视对孩子非智力因素的培养,而是应该放手让孩子多做力所能及的事,给他满足好奇心的一些自由。即便是孩子做错了,父亲也应该因势利导,让孩子不怕失败,勇于进取。

建立学习动机,提升孩子的学习能力

早在20世纪70年代,皮特·德鲁克在著作中就大胆预言"未来将会出现一个首先必须'学会学习'的知识型社会",教育家罗伯特·M·赫钦斯和托尔斯顿·胡森也提出未来社会将是一个"学习型社会"。在学习型社会进入世界的词汇圈,它向我们展示了一种新型社会:知识的获取既不限于教育机构中,也不限于初始培训的结束。

所谓的学习能力,就是一个人、一个企业、一个组织的学习能力。学习力首先表现为对待学习的态度和意识。对孩子来说,学习他们是赖以生存的本领和手段。学习不仅要恐后,还要争先。其次是一个人的学习方法和学习效率。当今,会不会学习已经变得尤为重要。在日趋激烈的竞争环境里,学习不仅要跟自己的过去比,还要跟竞争对手比;学习不仅要超越自己,还要打败对手。

作为孩子的父亲,不应只把眼睛放在他的分数上,而应该更多地放在他的学习能力上。通过正确引导,让孩子明白学习的意义,形成良好的学习习惯。

那么,父亲该如何培养孩子的学习能力呢?

为孩子创造良好的学习环境

家庭是孩子的第一学校,良好的家庭氛围,是孩子安心学习的舒适环境。首先父母要让自己安静下来,尤其在孩子学习的时候,尽量不要分散孩子的注意力,做到不看电视、不大声讲话,可以选择比较安静的活动,如上网浏览网页、看书等,让孩子在这种安静稳定的环境中,专心致志地学习。

还需要注意的一点是,平时在孩子做作业的时候,不要让孩子把玩具放在书桌周围,这样容易分散孩子的注意力,还有就是不要在写作业的时候接待朋友。

激发孩子主动学习的动机

孩子对周围新鲜事物的好奇心强烈,就会积极去探索,去仔细观察,这个过程就是提升孩子学习能力的过程;相反,如果他对周围的事物不感兴趣,这样也就无法激起学习的欲望。所以,要想激发孩子的学习动机,首先就要从激发孩子的好奇心入手。

帮助孩子制定合适的学习目标

拿破仑说过,"除非你说出目的地,否则你无法成功。"学习也是一样,如果孩子没有明确的学习目标,那么他的学习过程就会漫无目的,无法达到学习的效果。所以说,合适的学习目标,能够指引孩子学习的方向,给予他学习的动力,同时激发出孩子主动发掘自身潜能的能力。所以,孩子在父亲的帮助下,制定合适的学习目标,具有重要的意义。所谓合适的学习目标就是不能够过高,也不太低,而要根据孩子自身的实际情况来定。不要违背孩子的意愿和要求,那样只会适得其反。

教给孩子科学的学习方法

学习的成功,不仅靠能力和勤奋,也要靠有效的学习方法。如今的社会,知识更新速度迅速,孩子只有具备良好的学习能力和科学的学习方法,才能灵活地掌握各种信息,然后不断完善和充实自己。

好的科学的学习方法有:认真观察、积极思考、制订合理的学习计划等。

让孩子养成良好的学习习惯

良好的学习习惯,有利于激发孩子学习的积极性和主动性;有利于孩子向好的方向发展和变化,使学生终身受益。

在学习上,父亲要培养孩子学会:预习功课,及时地完成老师布置的作业,上课认真听讲,勇于主动回答课堂上的问题等,还要敢于大胆提出疑问。

提高孩子的自学能力

学校里的知识是有限的,生活中的知识是无限的。只要孩子具备了良好的自学能力,那么无论孩子在哪儿,都可以随着时代和社会的发展不断地进行学习,这样才不会被这个社会所淘汰。

平时学习生活中,父亲可以教导孩子学会利用工具书来查阅自己所不知道的内容,学会自己探索;还要帮助孩子变被动学习为主动学习,克服懒惰,让孩子体会到主动学习带来的乐趣。

珍视时间：做一个与时间赛跑的人

对于我们每个人来说，时间管理是最为重要的！因为一个善于管理时间的人，总能高效地完成任务和工作，并取得良好的回报。

由此可见，时间管理的重要性！父亲应该注重培养孩子的时间管理能力，只有这样他才会很好地利用时间，而不是做时间的奴隶。

有这样的一个故事：

陈先生苦恼地说："我儿子今年上二年级了，人非常聪明，人见人喜欢。可是儿子有个毛病，就是做事太磨蹭！比如玩游戏、穿衣服、吃饭等，效率极差！有一次，我让他刷牙，喊了四五遍！等过一会儿，我过来看的时候，儿子还站在那里摆弄牙膏盖呢；晚上洗脚的时候也慢，能洗上半个小时；上厕所的时候，也需要二十来分钟；洗澡的话就更慢了，越在外面喊他，他就越不出来，把人着急死了！

"等他把所有的事情都弄完了，作业就没有那么多时间来做了！当儿子写作业的时候，总是不专心，不是翻翻书包，就是坐在那里玩橡皮，要不就是吃东西……

"无论我有多着急，多生气，但儿子还是慢悠悠的，一点儿都没有着急的感觉。也正是儿子的这个坏习惯，经常被批评。在学校，因为迟到被老师批评；在家里，因为干什么都慢腾腾的，被我批评……后来，我也被老师叫过几次，就是针对孩子的时间管理方面，一点儿都没有效率。我忍无可忍了，才对他吼几下。

"被吼几下，儿子就快一点儿了，可是不吼他的时候，他还是慢腾腾的。真怀疑，儿子上辈子是不是一只蜗牛。哎！我现在真的很担心儿子，担心他以后怎么办？"

实际上，像陈先生这样的苦恼，有很多父母有经历过：孩子动作太慢，做起事情来磨磨蹭蹭的。孩子的这种行为实在是让父母着急！在学习当中，有很多孩子都有着喜欢拖拉磨蹭的坏习惯，不仅耽误了自己的时间，还影响了别人。

如何改变孩子的这个坏习惯呢？很多父母们认为除了反复念叨和抱怨外，似乎并没有什么更好的办法了。实际上，父母们不必过于着急！因为孩子的时间观念并不是天生的，而是在后天的培养和环境影响中逐渐形成的。父母们只要知道孩子为什么会变得磨蹭，喜欢磨蹭的原因有什么，那就可以对症下药了。

下面，为大家罗列出几点孩子喜欢磨蹭的原因：

没有时间观念

对于那些还年幼的孩子来说，时间是比较抽象的。在他们的潜意识里，时间是无穷无尽的，没有会用完的时候。也因此，孩子们体会不到时间的重要性。

除此之外，年幼的孩子随意性很强，自我控制的能力也比较差，他们经常是一边吃饭，一边玩耍；一件事情还没有做完，就又想着另一件事情。而且，做事情杂乱无章，缺乏条理性，想到什么就做什么的。

有依赖性

在家庭教育中，父亲什么事情都为孩子做，让孩子养成想干什么就干什么的心理。即便当父亲看到孩子有磨蹭的行为，出于爱和关心便不断地迁就孩子。他们总认为孩子太小，长大后这种磨蹭的习惯就消失了。

慢慢地，孩子越来越依赖父亲，甚至觉得反正有什么事情都有父母来做，父母都会解决的！我着什么急呢！

缺乏兴趣

如果孩子缺乏对学习的兴趣的话，那他就没办法把注意力集中到学习中。每当在学习或做作业的时候，都会硬着头皮应付。慢慢地，孩子不仅磨掉了自己的积极性，还会把学习当成一种负担。

天生的原因

有些孩子的"慢"是天生的！在父母发现孩子的"慢"之后，就应该指导和帮助孩子改掉这种坏毛病，而不是一味地责怪孩子。要知道，孩子天生的一些习惯是和父母的遗传息息相关的，因此父母不能推掉自己的责任。

缺乏实践能力

在孩子大一些的时候，他们明白了什么是时间，时间并不是没有限制，没有尽头的。但是，他们缺乏对时间管理的能力，也因此，他们不会合理分配学习和休闲的时间，经常是把时间浪费在一些与学习毫不相关，甚至是无关紧要的事情上。这样不仅导致了重要的事情没有完成，还没有什么效率。

现在，父母们知道孩子拖沓、效率低的原因了。那么如何帮助孩子改掉这个坏毛病，从而让孩子变得有效率一点，不再磨磨蹭蹭呢？

首先，父亲要让孩子对时间有基本认识，让他明白时间是不能重新再来的，是一直往前的。

其次，父亲要教孩子认识时钟、钟表等，让他们认识到每天的时间是有限的；制定好一个时间表，并让孩子严格来执行，比如：什么时候该吃饭，什么时候该睡觉，什么时候该起床，什么时候去上学……当孩子们有了一定的规律后，那么他的时间管理就会变得好一点，效率也会变得高一些。

最后，当父亲与孩子在做游戏或玩的时候，也要与孩子约定一个时间段，比如：可以玩多长时间；什么时间就不能玩了；有多少时间是属于孩子，让他自由分配的。

通过这样的教育方式，孩子才会更加懂得时间管理的重要性，从而珍惜时间，变成一个高效率的孩子。

让孩子在玩乐中在学会统筹

统筹能力是一个人取得成功的必备素质，拥有统筹能力的人能够很好地掌控自己的生活，从来不会让自己的生活陷入一种杂乱无章的状态。他们能很好地规划自己的生活，最大限度地提高自己的做事效率。

田忌和齐威王要进行一场赛马比赛。田忌的马匹比齐威王的要差上很多，眼看比赛即将开始，田忌的内心忐忑不安。这时候，孙膑来给他出谋划策了。他告诉田忌用自己的下等马跟齐威王的上等马比赛，田忌听到孙膑的计策很是不解，但还是照做了。很快第一场比完了，齐威王赢得很轻松，于是得意非常。相反，田忌就变得灰头土脸了。

接着，孙膑让田忌用中等马对齐威王的下等马。结果当然可想而知，田忌大获全胜。紧接着第三局，孙膑让田忌用自己的上等马对齐威王的中等马，又战胜了一局。这下，齐威王目瞪口呆了，惊诧非常。他没有想到自己的三匹好马竟然输给了田忌的三匹弱马。

这就是非常有名的田忌赛马的故事，马还是同样的马，没有丝毫的改变。改变的只是比赛的出场顺序，但结果却发生了极大的变化，转败为胜。

这个众所周知的故事反映出来的就是一种统筹能力。合理的安排、合理的规划，往往就能改变事情的发展进程和结局。

又是一个周末，这天天气晴朗，清风暖人。在一个农家的小院里，一位父亲正在和女儿商量着今天要去做什么。

爸爸："今天我们要洗衣服、要去超市置办一些日常用品、要去医院看奶奶、要为明天的聚会做好准备，客厅也得好好收拾一下，最后还要去给狗狗洗澡澡，你还要写自己的作业，你说我们该怎么做呢？"

女儿："我觉得我应该先完成我的作业，然后帮狗狗洗澡澡，接着我再和爸爸一起去看奶奶。

爸爸：恩，宝贝的想法真好，爸爸可以先洗衣服，你就写作业。然后你去给小狗洗澡澡，爸爸就收拾客厅，下午我们一起去看奶奶，回来的时候我们再去超市，准备一些日常用品和明天聚会要用到的东西。"

女儿："对，就这样！爸爸去洗衣服，我去写作业，然后爸爸收拾客厅，我给狗狗洗澡澡……

就这样，一天的工作被两人安排得清清楚楚，而且很快地就完成了这些事情。

如果父亲想要孩子有一个良好的统筹能力，就必须为孩子做好榜样。善于统筹的父亲能够更好地引导孩子做好统筹规划，帮助孩子在更短的时间里做更多的事情。这就要求父亲全面地对孩子进行引导，教育孩子做事之前进行认真的思考，看有没有什么技巧，有哪些资源可以很好地利用，最后定义下一个最为合适最为省力的方法。

那么，父亲应该如何培养统筹能力呢？

教会孩子合理地安排时间

想要教育孩子掌握好统筹规划能力，就必须教育孩子学会合理的规划时间。只有合理地安排时间，才能最大化地实现时间的价值，才能在有限的时间里做更多的事情。

教育孩子抓住重点

合理利用时间是要进行培养的一个步骤。学会抓住重点，才能够明确地了解自己要实现什么样的目的，才能有效地避免眉毛胡子一把抓的窘境。大家都知道，钻头之所以能够在很短的时间里就钻穿厚厚的墙壁，其原因就是——抓住重点，将重心集中于一个中心点。

教会孩子合理地安排自己要做的事

这个过程绝对不同于前面所提到的教会孩子抓住中心。教会孩子合理地安排自己要做的事情，一方面可以培养孩子的自主能力，一方面还可以让孩子在这样的过程中逐渐找到一个属于自己的安排风格——既能让事情得以完美的解决，又能让自己感觉到轻松和愉快。

正如孩子做家庭作业一样。如果孩子只是盲目地按部就班，不仅不利于孩子学习成绩的提高，反而还可能让孩子渐渐产生厌烦心理。如果是这样，父亲就悔之不及了。反过来说，如果孩子能够做到合理地安排自己要做的事情，就能够在这样的过程中慢慢掌握一定的规律，知道什么是重点，什么要先做。

如果父亲还在为孩子整日埋头苦读而得不到好成绩烦心；如果父亲还在为孩子不能很好地完成一些简单的事情而苦恼。那么，父亲就应该着手培养孩子的统筹规划能力了。

培养孩子的统筹规划能力，能够让他们更加清晰地从错综复杂的局面里理清思绪，能够让他们从眼花缭乱的事物中抓住重点，从而快速解决问题。

呵护好奇心，鼓励孩子探索新事物

著名小说家巴尔扎克认为：打开一切科学的钥匙，毫无疑义的就是问号。世界上大部分的发明来自发问，而生活的智慧就在于逢事便问"为什么"。

问"为什么"最多的就是孩子了。年幼的孩子对世界不了解，总会有着提不完的问题，这是孩子探索新事物、认知世界的方式。比如：孩子看到鹿时，会问为什么它会长那么多角？此外，还会问：什么鸟飞得最高？为什么海水是蓝色的等。

鲍林在很小的时候，就十分喜欢到父亲的实验室里玩。他的父亲是一名药剂师。鲍林十分崇拜父亲调配药物，也想亲自动手做实验。

实际上，在一开始父亲就发现儿子对实验有着浓厚的兴趣了。于是，他就开始教鲍林如何调配药品，如何做实验。为此，鲍林兴奋极了，一放学就会迅速跑到父亲的实验室里，去研究和探索实验的奥妙。

跟着父亲学习的这段时间里，他学到了很多知识和如何调配药物。更重要的是，他学会了一种探索精神。在不断的探索中他取得了丰硕的成果，终于在1962年获得了诺贝尔化学奖。

孩子在探索活动中得到的不仅是乐趣，还有思维和能力的发展、创造力的发展。在美国，父亲十分注重让孩子去体验各种情境，去探索新奇的世界。

要知道，让孩子学会思考，是学习和探索不可缺少的条件之一。父母们要在与孩子相处过程中，以商量的口吻进行讨论，给孩子留下一些考虑的空间，要给孩子制造出一个机会。在与孩子交流的时候，父母们还可以根据交谈内容问孩子，比如："结果会怎样？""你的想法有什么根据？""这两者有什么关系？""你觉得怎么做会更好？""还有更好的办法吗？"等问题，从而引起孩子的思考。

当孩子回答完这些问题的时候，父母们可以说说自己的看法，也可以和孩子讨论，并引导和帮助孩子翻书找答案。实际上，喜欢问为什么的孩子都比较善于观察，也喜欢思考。他们的思维常常处于积极活跃状态，也因此，他们的学习主动性强，效果也不错。

实际上，孩子从降临到世上的那一刻起，就对周围的世界充满了好奇心。在他们的眼中，一切都是那么神奇。刚出生的婴儿，会用眼睛去观察周围的事物，用小手去触摸身边的东西，用嘴巴去尝试食物的味道，用耳朵去倾听来自不同地方和方向的声音，这些虽然只是单纯的感觉，却是孩子们探索世界迈出的第一步。

正是孩子天生的这种探索精神，让他们有了学习的动力和激情。随着孩子年龄的增长，孩子就会产生想要独立的想法。慢慢地，他们会越来越喜欢探索活动，并且努力地在生活中寻找问题的答案，而这也是孩子的心理发展的正常现象。实际上，孩子在参加探索活动的过程中，不仅仅获得了探索的乐趣，还锻炼了思维能力和创造力。因此，父母一定要重视孩子的探索精神。

著名哲学家别林斯基曾经说过一句话：人的生活就好像广阔的海洋，在它的深处保存着无数的奇迹。因此，父亲应该主动引导孩子去探索，让孩子成为一个富有创造力的人。

鼓励孩子的探索活动

年幼的孩子对周围的很多事物都感到十分好奇，他们喜欢冒险，喜欢做一些危险的游戏，并能从中获得乐趣。这时，父母们不要压制孩子的想法和探索精神，而应该引导孩子大胆去想，让他们大胆尝试。

在这个过程中，父亲不要说一些"算了，多危险，不要做了。""小心点，你会伤害自己的！""你不能做这个，这个太危险了！"

这样的话，孩子原本有的探索的心和自信心就会被父亲摧毁，从而不敢继续尝试了。如果父亲对孩子说："没事，来试试吧，但是要注意……"这对孩子来说就一种潜在的动力和鼓励。慢慢地，孩子就会不断地去探索新的事物。当然了，在孩子探索的时候，父亲要教给孩子一些保护自己的方法和知识，以免孩子出现一些不必要的伤害。

宽容孩子的"破坏"

在孩子成长和探索的过程中，他们特别具有破坏欲望。只要到了他们手里的东西，总会有残缺的。有的孩子出于好奇，还会把它们拆得七零八落，这让父亲哭笑不得。有些父亲看到孩子做错了事情，就会大声地呵斥和打骂孩子。这种行为只会让孩子变得唯唯诺诺，从而丧失探索新事物的兴趣。

在日常生活中，还有些父亲或为了保护玩具或为了居家的整洁，就不让孩子花大量的时间摆弄玩具，更不允许孩子拆卸。这样的做法表面上看是对的，但这却扼杀了孩子的探索精神和创造意识。

因此，父亲要鼓励孩子，尊重孩子的自身发展，让他们自由地去探索未知的事物。

孩子的世界不应该有标准答案

想象力是人类的一种天赋，是发明和创造的源泉。如果一个人没有了想象力，是不会有探索、创新的精神的。想象力能够增强人类学习的主动性和创造性，能够促使人类在学习中迸发灵感，发现捷径。相反，如果一个人缺乏想象力，没有想象力，那他失去的东西就不仅仅是创造性了……

李先生的孩子在读小学一年级。有一天，孩子拿回来一张数学试卷，分数显示考了96分，按理说孩子的成绩还算不错。李先生的妻子看完错题后，教育孩子下次考试一定要用心，以后这么简单的题不要再做错。

孩子听了感觉很委屈，眼泪直在眼眶里转。李先生把孩子叫过来，拿着试卷仔细看了看，然后跟妻子说，"不要责怪孩子，听听她错的理由再说。"接着，他们拿着考卷一起研究——其中一道错题是看图列式题，共两幅图：第一幅图是，在一支树枝上站着三只小鸟，第二图是，一只小鸟站着，另两只已展翅飞离树枝，题目为：3-□=□，孩子给出的答案是3-3=0。

她做这道题的时候是这样理解的：树枝上两只小鸟飞走了，另外一只小鸟虽然没有飞起来，但是却张开着翅膀，说明也应该会飞走的。没想到的是，考卷的标准答案竟然是3-2=1。所以，李先生的孩子很委屈。

在一次课外体验课上，发生了这样的一件事。

那时正值阳春三月，这位老师出题为"窗外"，请学生们观察窗外的景色并说出你所看到的事物。学生们畅所欲言，有的看到了大树上长出了嫩芽，有的看到了蔚蓝的天空飘着棉花糖似的白云，有的看到了鲜花绽放，诸如此类等。

这时，老师说："同学们，你们都错了，正确答案应该是："我，看到了春天。"为此，李先生的孩子觉得很不解，为什么老师说的就是标准答案？同学们说的也是正确的啊……

上面两个故事中，孩子们都败在了一个"标准答案"上，难道他们真的错了吗？

李先生的孩子，对题目的理解加上了自己的想象。在孩子的想象中，题目中那只展翅的鸟儿，也即将飞走，而且 3-3=0 这个算式也没有错误；课堂上的孩子们更没有错，他们看到的是实物，而老师的"标准答案"是抽象的事物，如果说孩子们是错的，难道他们看到的都是假象？

像故事中这种所谓的标准答案，在中国已经成为教育的基本模式。学校里，学习就要考试，而考试必定有唯一的"标准答案"，只有这唯一的"标准答案"，才能排出个名次来，这种模式已经成为"中国特色"式的教育规则。其实考试本身无可厚非，它的作用是为了检验和考查学生某个学习阶段，这也只是从一方面了解孩子学习的成果。

实际上，在生活中我们会经常看到关于"标准答案"的事迹：当我们在黑板上画上一个圈儿，问各个年龄层的孩子，这是什么？得到的答案是不尽相同的。大学生会说："可能是零。"中学生的答案是阿拉伯数字"0"或英语字母"O"。同样的问题问孩子，孩子们立即就七嘴八舌地回答："这是太阳""是烧饼""是妈妈的脸""是游泳圈""是鸡蛋""是爸爸的眼睛"……孩子们的想象力无穷无尽,但到了中学生的眼里,却只有数字"零"和字母"O"了,更不用说大学生眼里……

从某种意义上来说,正是"标准答案"蚕食了孩子们的想象力和逻辑推理能力。

孩子们没有了想象力严重吗?知识(标准答案)和想象力哪个更重要?其实早在几十年以前,世纪伟人爱因斯坦就已经回答了我们这个问题:想象力比知识更重要,因为知识是有限的,而想象力概括着世界上的一切,推动着进步,而且是知识进化的源泉。

有这样的一个故事,足以说明想象力有多么的重要!

美国的一个小镇上,3岁的艾米丽和妈妈在面包店买蛋糕,这时,艾米丽指着礼品盒上的字母"O"说认识这个字母。妈妈听后非常震惊,耐心地问她怎么认识的。艾米丽说:"海伦小姐教我认的。"

母亲在表扬孩子之后,一纸诉状把海伦所在的幼儿园告上了法庭。状告理由是自己孩子的想象力被幼儿园剥夺了。因为之前孩子把字母"O"说成是足球、太阳、面包圈儿、鸟蛋之类的圆形东西,但是自从孩子读懂26个字母,艾米丽便失去了这种想象的能力。她诉求该幼儿园赔偿艾米丽的想象力伤残费。

后经法庭审理,判决幼儿园赔偿艾米丽想象力的伤残费。

故事中的这位美国母亲为孩子失去的想象力感到非常痛心,继而将教授孩子知识的幼儿园告上了法庭,来维护孩子的想象力,而且居然胜诉了。

试想，这位美国母亲的行为可能会引起很多父亲的反思。或许有的父亲会觉得这位母亲小题大做；或许有的父亲会认为这位母亲是在故意"找茬"……当然了，有的父亲还会认为打这样的官司不仅是浪费金钱，还是在浪费时间和精力。

实际上，父亲的这些想法不为过，但是，这位母亲却大胆地告诉人们：比起时间、精力、金钱，保护孩子的想象力更为重要。

马克思曾说过"想象是促进人类发展的伟大天赋"。在教育孩子的时候，父亲更应当不时鼓励孩子并且欣赏他们的想象与创意，拒绝用"标准答案"来捆绑孩子的想象力，运用各种手段为孩子们创造想象的空间，解放他们的头脑，放开他们的手脚，为他们插上想象的翅膀，任他们自由去翱翔。

第七章
DIQIZHANG

正面教育,"硬汉"爸爸教出心灵强健的孩子

挫折教育，让孩子学会面对困境

现如今的家庭，大多是独生子女，是父亲的心肝宝贝、掌上明珠。也因此，父亲给予了孩子们过度的保护，事事越俎代庖。在父亲的羽翼下，孩子们变得遇到挫折的时候，不敢面对，甚至逃避。

在家庭教育中，父亲一定要教会孩子：在遇到挫折和失败的时候，微笑着面对。要知道，一个能够在逆境中微笑的人，会比在逆境中哭泣的人，更容易走出挫折。

那么，如何去帮助孩子用微笑去面对失败和挫折呢？下面，我们就来看一看吧：

让孩子正确认识挫折

著名的心理学家马斯洛曾经这样说过：挫折未必总是坏的，关键在于对待挫折的态度。也就是说，挫折并不是一件坏的事情，而是要看面对挫折时的态度。如果态度端正的话，那么挫折就是帮助自己的垫脚石；如果态度不端正的话，那么挫折就是打击自己的绊脚石。

要知道,挫折是一种客观存在,任何一个人都会经历挫折的磨难,从而一步步走向成功。在教育中,父亲应该让孩子直观地了解事物发展的过程,从反复体验中逐步认识到挫折的普遍性和客观性,从而真切地感受到:只有在遇到挫折,亲身经历过以后,才能够走向成功。

除此之外,父亲还可以给孩子讲一些小故事,关于伟人遇到挫折时,是如何做的,最终是如何成功的。

只有通过这种真实的故事,孩子才有一种可信度,才能够直观地了解事物发展的过程,认识到生活有顺有逆、有苦有乐。在日常生活中,只有让孩子在克服困难中充分认识挫折,正确理解挫折,才能培养勇于克服困难的能力、不怕挫折的信心以及主动接受新事物的能力,并懂得用微笑去面对。

给孩子遭遇挫折的机会

现如今,很多父亲都把孩子们看作是心中的"小太阳",家中的"小皇帝",对他们是百依百顺;孩子说要什么,父亲就给什么;不满意什么,父亲就想办法解决什么。不仅如此,父亲还想要为孩子铺陈一条平坦的道路。

然而,父亲不要忘记了:一个人要想生活在社会中,就不可能是一帆风顺的,而是出现着各种各样的,不尽如人意的事情。如果总想将孩子置于自己的羽翼之下,帮他遮风挡雨的话,那么孩子永远不可能独自面对狂风暴雨。

因此，父亲一定要提高认识，改变从前的教育态度，克制住"想帮孩子一把"的冲动，不要怕孩子碰着、饿着、摔着、累着，而是要给孩子一个敢于面对挫折和失败的机会和勇气。

在日常生活中，父亲可以学会放手让孩子做一做力所能及的事情，比如：让孩子独自穿衣、系鞋带、穿鞋、洗手帕、收拾玩具、叠被子、擦桌扫地等。

只有让孩子做力所能及的事，孩子才能够在这个过程中体验到劳累和失败，从而一步步成功。实际上，在这个过程中，还能够锻炼孩子的意志，培养他们克服困难、解决问题的能力呢！

当孩子出现了一些挑食、偏食等坏习惯，那父亲就不要惯着他们，而是让孩子先饿一饿，体验一下饥饿和被父亲拒绝的滋味；在玩游戏的时候，父亲不要帮助孩子，而是让孩子在活动中体验一下失败的滋味，体验受挫折的感受。

只有这样，孩子才能够具有克服困难的勇气，才能够有总结和解决困难的经验，从而提高自己的抗挫折能力，增强了自己坚毅顽强的心理素质。

培养孩子乐观的个性

只有在困境中依旧能够快乐前行的孩子，才能够走出困境，走向成功。因此，父亲一定要培养孩子乐观开朗的个性，让孩子能微笑着面对挫折。

不过有些父亲却有着不同的见解，比如：当孩子犯了错误或遭受失败的时候，就会使用粗暴的教育方式责怪和打骂孩子。他们认为：只有这样，才可以培养孩子耐受挫折的心理素质和态度。但实际上，这种做法是错误的。

挫折教育不等于"棒打出孝子"。科学家、心理学家、教育专家经过一项实验表明：从小就接受粗暴打骂教育的孩子，长大后会更加害怕挫折，而且会形成一个谨小慎微、胆小怕事的懦弱性格。如果他们真的遇到什么大挫折的话，就会产生一些过激行为。

因此，当孩子真的遇到挫折的话，父亲不应该一味地责怪或打骂或采取"无视"态度。比如："不要再试了，再试也没有用的""做不好就别做了""怎么这样笨，别人早就做完了"之类的话，这种话不仅会强化孩子的不自信，还会让孩子再一次感受到挫败感。

在这个时候，父亲不妨采用一些积极肯定的评价，先去关心和鼓励孩子，并给予孩子一些安慰、鼓励和帮助。比如："虽然你没有成功，但我要表扬你，因为你有勇气去试就很好。""你一定要相信自己，爸爸相信你能行。"

这样的做法，就会让孩子意识到自己的努力是受到肯定和赞扬的，自己完全不必害怕失败，从而学会承受和应对困难和挫折。

当然了，除了这些，父亲还应该去帮助孩子认真分析原因，从而采取正确的方法，帮助孩子战胜挫折。

除此之外，父亲一定要记住：孩子抗挫能力的培养并不是一朝一夕就能完成的，而是应该从小培养，慢慢形成。在教育孩子微笑面对失败和挫折的时候，父亲不要着急。只有坚持不懈地培养孩子的抗挫折能力,孩子们才能够拥有一双强劲的翅膀,在人生的天空里自由翱翔!

快乐,孩子最想要的礼物

实际上,年幼的孩子就应该生活在一个充满梦想和快乐的环境中,享受着阳光,享受着大自然,享受着一群小伙伴的友谊。然而,我们经常会看到这样的情景:有个孩子在楼下玩耍,爸爸在一旁催促:"好啦,疯玩什么,快点回去做作业吧!"当孩子背着超重的书包,艰难地走着时,一旁的父母就会说:"孩子,好样的!吃得苦中苦,方为人上人啊!加油。"

其实,这是一种十分不健康的心态。抱有这种心态的父母大多认为:孩子的童年是不重要的!快乐?那就只有取得良好的学习成绩,考上名牌大学,这才是快乐。但其实,快乐可不是这样的。让孩子学业有成、事业成功并不是家庭教育的最大目标。所谓的成功,也不是孩子想要的幸福和快乐。在孩子眼里,能够自由一点,能够想玩什么就玩什么,想在地上打滚,就在地上打滚,这才是快乐。

对孩子来说,他们最想要的礼物就是——"快乐"。可以说,快乐是一个人一生的财富,快乐是一种积极乐观的生活情绪,快乐是能够在面对苦难时轻松一笑。一个快乐的人一般都是用理智的方法来解决问题。美国儿童心理学家经过一项调查研究发现：只有注意培养孩子快乐的性格，才有利于孩子的健康成长。

那么，父亲怎样培养孩子快乐的性格呢？

注意培养孩子对快乐的体验

在每一件小事上，父亲都可以询问孩子的感觉，比如：高兴不高兴？可不可以？为什么？或者是："你喜欢出来玩吗？高兴吗？""你能帮做家务，爸爸很高兴。"

让孩子有机会享受"不受限制"的快乐

在日常生活中，小孩子喜欢大吵大闹或者是喜欢翻弄家里的东西。父亲就会想办法制止孩子，还会对孩子说"不要吵到隔壁家邻居了""一会儿对面爷爷就会来敲门了，他身体不好！"

在父亲的管教有方下，孩子变得越来越没有热情了，变得越来越没有活力了，天性也受到了压抑。

要知道，孩子需要尽情地玩耍，带着童真的想象力尽情地玩耍，需要在冬天的时候去堆雪人、打雪仗；在下雨的时候，观看蚂蚁回家；在陌生的地方和环境中，摸索周围。

也许大人看他们的活动是没有意义，是不快乐的，但是对于孩子来说，就是最大的快乐。因此，在平常父亲不要总把自己的喜好和不喜欢的强加给孩子，而是要让他们做他们喜欢做的事情。

不要苛求孩子

由于孩子还年幼，他们在各方面的能力有限，会有一些不足。

在平时，父亲不要对孩子过分要求，苛求完美。如果父亲总是对孩子表示不满和批评，就会伤害孩子的自尊，从而失去自信。

给孩子展示自己的机会

每个孩子都有自己的优点和独特的技能，如果能够在父亲面前展示自己的特长，获得父亲的肯定，那孩子就会觉得很快乐。比如：孩子对父亲说：爸爸，我给你讲一个故事好不好？即使爸爸在忙别的事，也要满足孩子的这个小要求，并且给予一定的肯定：你讲得真是太棒了。

对孩子来说，能够与最亲密的人分享故事和想法，是一件比较快乐的事情。慢慢地，孩子的热情、能力通过父亲的分享和肯定，从而转化成自信、乐观等品质，这些品质对他们一生都是一笔财富。

教孩子调整心理状态

人能够快乐，是因为他具有很强的适应力。当孩子受到挫折的时候，父亲就可以引导孩子，从而帮助孩子调整自己的心理状态。

加强与孩子之间的亲情

在帮助孩子培养快乐性格的过程中，亲情和友谊起着非常重要的作用。因此，父亲要在平时多与孩子沟通、交流，还要鼓励孩子与同龄人一起玩耍，让他们学会愉快地与他人进行交往，从而变得快乐一些。

保持家庭生活的美满和谐

家庭和睦,也是培养孩子快乐性格的一个重要因素。教育专家经过调查表明:在一个和睦的家庭成长起来的孩子,长大以后性格就会比较乐观,很健康。而生活在一个不幸的家庭的孩子,长大以后性格会比较孤僻,自闭。

为了孩子的今后,父亲一定要为孩子营造一个和谐的家庭氛围,孩子才能离快乐更近一点。

认真倾听孩子的心声

在平时,父亲细心观察孩子,是不是有心理压力?压力从何来?并帮助孩子克服。父亲可以抽出时间与孩子交谈,认真倾听、了解孩子真实的心理状况,从而根据不同的心理进行不同的引导。

树立孩子的自尊心

在家庭教育中,最重要的一点就是——尊重孩子的一言一行,父亲应该帮助孩子树立起自尊心、自信心等。

尊重孩子的兴趣爱好

在平时的时候,父亲可以鼓励孩子多多发展兴趣爱好,也可以多参加一些学校组织的课外活动。如果孩子所学的东西都是自己选择的,有兴趣的,那么孩子也不会觉得是负担、是压力了。

在这样的家庭教育中,相信孩子会有一个快乐的幸福人生。

让孩子学会为自己的行为买单

通常情况下,孩子一旦做了什么错事,都是由父母来负责任。我们经常会听到这样的抱怨,比如:"也不知道他的父母是怎么教育孩子的""这孩子的父母真差劲啊!"……

对父亲来说,一定要教导孩子能够对自己的行为负责。即使年龄很小的孩子,只要他犯了错误,一定要让孩子主动承认错误,并自己去道歉。

有这样一个故事:

欧阳先生在英国一所著名的大学执教,他的邻居是一对来自法国的教授夫妇。

有一天,教授夫妇的7岁儿子踢足球时,不小心将球踢到了欧阳先生家的大门上,门上的玻璃被震碎了。

欧阳夫妇按照东方人的思维习惯想,发生了这样的事情,那对教授夫妇肯定会来上门赔礼道歉。然而,他们失策了,那对教授夫妇在儿子犯错之后,一直都没有出现。

第二天的早晨,那个孩子在出租车司机的帮助下,送过来一块崭新的玻璃。小家伙不好意思地说:"您好,叔叔,对不起……昨天我踢球时不小心踢碎了您家的玻璃,对不起,由于昨天很晚了商店关门了,没能及时赔偿您。今天商店一开门,我就立刻跑去买了这块玻璃。希望您能原谅我的过失。我向您保证以后这种事情不会发生了,请相信我。"

孩子的勇敢承担赢得了欧阳夫妇的原谅和喜爱,他们邀请孩子一起吃早餐,临走还送他一件中国特色的小礼物。

出人意料的是,当孩子拿着礼物回到家后,那对法国教授夫妇却出现了。他们谦和地将那件礼物原封不动地还给了欧阳夫妇,解释道:"孩子在闯了祸以后,不应该得到奖励。"

故事中的教授夫妇认为,自己家的孩子打碎了邻居家的玻璃,必须让孩子学会对自己的行为后果负担起他所要负的责任。孩子为了赔偿,几乎花掉了自己所有的零花钱。就这样,他也得不到父母一分钱的"补贴"。但是如果在钱不够的情况下,父母会考虑把钱借给他,而他自己必须得有自己的还款计划。可以在早晨为附近的居民送牛奶、送报纸,或者在周末的时候为邻居修剪草坪,或者节约自己的零花钱等。

只有这样做,才能让孩子明白了犯了错误是要付出代价的。只有付出这种代价之后,他才能接受教训,在他以后的人生中就不会再犯类似的错误。

常言道:"一人做事一人当。"当孩子做了损害他人利益的事,必须让他自己主动向人家道歉,并赔偿相应的损失。这样做不仅是为了获得原谅,还能让孩子从小就树立起对自己行为负责任的意识。只有教会孩子对自己的行为负责,将来他们才能够顺利地进入社会生活,成为一个对家庭负责,对社会负责的人。

往往一些孩子做事,重视行为过程的本身,而不太重视行为导致的后果。因此，父亲要有意识地在孩子小的时候就开始培养他们的责任感，做到让孩子能够对自己的行为结果负责。

培养孩子的责任心是一项长期而艰巨的任务。不仅需要父亲循序渐进有耐心地对孩子进行教育，同时需要父亲去了解孩子的心理发育特点，因材施教。

下面是几种教育孩子的方式，仅供父亲参考：

与孩子订立"合同制"

在家庭教育中，父亲要让孩子明白该做些什么，不该做什么，如果做不到将会受到哪些惩罚。孩子们还小，做事的时候，往往凭的是兴趣。如果对孩子的要求不够明确，他们很难坚持下去。所以，要培养孩子对某件事负责到底，必须说清楚做事的要求，以及完不成会如何处罚。例如：生活中，把扫地的活承包给孩子，如果没做好，就减少出去玩的时间。这样，孩子才懂得，要对自己的行为负责。

让孩子对自己的责任心引以为荣

有这样一个10岁的小姑娘，从5岁起，她负责倒了5年的垃圾。小姑娘在5岁的时候，看到妈妈每天倒垃圾，很辛苦。所以那个时候，只要一听到垃圾车的音乐，她就提着垃圾桶去倒。她的父母经常当着女孩的面在外人面前夸奖她能干、勤快、懂事。小姑娘受到表扬后，这个习惯从未间断。

小姑娘的父母通过表扬孩子，才激发出她主动倒垃圾的自豪感。慢慢地，小姑娘形成了这种习惯，把劳动看成是一种责任。

提醒孩子：该做什么的时候就做什么

在擦完手后，8岁的明明经常忘了把毛巾搭在架子上。为此，爸爸让明明自己记下：洗完手，擦完手后该做什么，便于提醒自己。经过几次提醒后，明明再也不会忘了把毛巾搭在架子上了。为此受到父亲的表扬，明明为自己的进步感到自豪。

所以，当父亲要让孩子记住做某些事时，记得要让孩子自己记下要做的事情。孩子做到后，要不时地夸奖他。这样，孩子们就会为自己的成绩而高兴，慢慢地形成了对自己的行为负责的习惯。

让孩子设法补救自己造成的过失

当孩子弄坏了别人家的玩具时，一定要让孩子道歉并主动赔偿给对方。也许，对方会认为没什么大不了，这是常有的事，或者不好意思收下孩子的赔偿。这时，父亲一定要说服对方收下赔偿，这样可以让孩子懂得：自己造成的不良后果，就该由自己负责到底。

责任心是孩子一生的美好品质，是孩子拥有健全人格的基础。孩子的责任心是在日常生活中一点一滴培养起来的。孩子一旦有了责任心，才会对自己负责，对他人负责，将来会对家庭负责，对集体和社会、国家负责。因此，父亲一定要培养孩子的责任心。

学习不是赢过他人，而是超越自己

　　人的一生犹如一座大山，而这座最难攀登的大山，其实就是自己。在攀登中，即便只前进一小步，也是你人生的新高度。也许这座山峰的峰顶看起来是那么的高不可攀，但只要你每向前一步，目标就距离你更近一步。

　　在登山的路途中，不要去和其他的登山者去攀比，做到踏踏实实走稳自己的路。只要你攀登的每一步都真诚地付出了努力，那么这每一步都是自己对自己的超越，如果不愿自己去努力，而是仅仅站在山脚下，那么永远无法有所超越。但是如果能够历经艰辛，永不言弃，不懈奋斗，那么，你一定能越过高山，看到山顶上美丽的风景。所以说，人生没有爬不过的山，只要你肯行动，肯坚持，就会超越自我。

　　孩子们在学习和生活中，难免会经历成功与失败。而有的时候，往往有的孩子不知道成功与失败仅仅只隔了一座"超越之桥"。失败犹如苦涩的中药。孩子们在面对失败的时候，有一些人选择了捏着鼻子吞下这苦药，从而能够登上超越之桥；也有一些人选择了闭口，他们不愿意承受中药的种种苦涩。若干年后，那些登上超越之桥的孩子，已经到达了成功的彼岸；而当初选择闭口不喝的孩子，就只能在失败的岸边怨天尤人了。

　　在教育孩子的过程中，要让孩子学会超越，父亲首先需要培养孩子的自信心。

父亲在生活中，不仅是孩子的家长，而且还须是他们的良师益友。在孩子遭遇挫折和失败的时候，要不断地从旁鼓励他们，让他们明白，失败和挫折并不可怕，可怕的是无法超越自己，认清自己。只有先超越自我，将来才能取得成功。

著名的心理学家曾说过：一个人一定会比他想象中的自己还要好，但是我们大多数人并不这样认为。许多成功人士在很小的时候，就胸怀大志，思想与众不同，他们无论遭遇什么样的磨难，仍旧相信自己才是最好的。他们不断地坚持，不断地超越自我，终于，走向成功。

您的孩子是否也会在失败和挫折中超越自我呢？

蓉蓉是很害羞的女孩儿，每次跟人说话脸都会红，父亲常常带蓉蓉去参加各种小社团，锻炼蓉蓉学会大胆与别的小朋友交流。最开始蓉蓉还是一看见陌生人就害怕地躲到父亲身后去，渐渐地，父亲慢慢带她与小朋友交流，从鼓励和夸奖蓉蓉开始，蓉蓉居然可以很快与少年宫的小朋友融入了，在儿童节的时候，还在班级上当众做了主持人呢！

一个遇见陌生人就老往父亲身后藏的孩子怎么超越自己，还做了幼儿园的主持人呢？

蓉蓉的父亲其实用的就是最简单也是最好的办法——夸赞。夸奖和赞美孩子是给孩子信心的大法宝，一旦孩子有了信心，超越自己就自然而然了。

孩子不愿意在不熟悉的人面前表达自己这是因为孩子的不自信，让孩子担心自己的表达不能得到别人的认同，从而不敢表达。因此，要想让孩子能自如地表达自己的所思所想，首先要树立孩子的自信心。信心是超越的基础。

孩子自信的培养，与父亲的互动有着直接的关系。

要让孩子从"怕说"到"敢说"，父亲要先放下对孩子语言表达的要求和期待。父亲不能把自己做得不好而希望孩子能胜过自己的期望传递给孩子，一旦拥有这样的期待，孩子就很容易有压力，若父亲没有强加给孩子的期待，当孩子有一点小小的进步时，就不会失望，反而更容易赞美和鼓励孩子。

在这个调整的过程中，父亲要看到的是孩子的闪光点，然后去肯定它，强化它。自然让孩子学会超越就不再是很难的事情了。

生活中，有的孩子会有这样的想法：我比别人的家庭差；我就是比别人笨；我比别人的运气差；我比……这样子没完没了地比下去，很可能就会越来越自卑，越来越忽视自身的长处，慢慢停滞不前。

父亲应当告诉孩子的是：生活中，只要不断地超越自己，才能时刻保持一颗饱满的精神状态，迎接下一轮新的挑战，这样明天才会更美好，才能实现自我价值。不断地超越自己，就是要做到不放弃，坚持创新，不断地跨越，不断地认识自己，向自己发出挑战；且不可左顾右盼地在比对中平添许多烦恼，这样只会扰乱自己前进的步伐。只要努力向前，就会发现沿途中有许多微笑的花朵在向你招手。

学会反思，即使我已"满分"

　　世界上没有一个人可以称得上是十全十美，每个人的身上都或多或少存在一些过错或是不足。而一个懂得自我反省的人，才是一个有自知之明的人，通过了解自己的缺点，才能想法去修正、去弥补。

　　作为父亲，一定要让我们的孩子知道，我们每个人都是有一定的缺点和不足，一些人能够做到随时反省自己，一旦发现自己身上存在的缺点之后，他们敢于承认，并通过自身努力去改正、完善，他们身上的不足也就越来越少，优点反而会越来越多；还有一些人，他们觉得自己是优秀的，对于身上的缺点不去仔细发现，于是他们总是一次又一次地重复相同的错误，一错再错，原地徘徊，很难取得进步。所以说，父亲一定要教导孩子具有自我反省的能力，这样才能让他们正视自己的优缺点，及时调整自己，积极进取，取得更大的进步。

　　在孩子很小尚未形成完备的自我意识的时候，他们的自我反省还处于萌芽阶段，因此需要父亲进行正确引导，从小培养孩子的自我反省能力。

不可在孩子犯错误时一味责骂

其实，孩子们在犯错误之后，他们自己心理也会产生责备的情绪，会感到很后悔和羞愧。这个时候，父亲不可一味地指责孩子，而是要平静地指出孩子的错误在哪儿，让孩子学会自我反省，告诉父亲自己错在哪儿，这会激发他们内心想要纠正错误的欲望，这样孩子在今后的生活中，就不会再犯或少犯同样的错误。

但是有很多的父亲发现孩子犯错误时，总是压不住火，对孩子不是打就是骂，这样的教育方式根本不利于孩子产生自我反省意识。父亲一定要做到宽容以待，而不是一味地责骂孩子，不要让自己没耐性的暴躁脾气阻碍孩子自我反省能力的培养。

小姨送给艳艳三条美丽的小金鱼。艳艳特别喜欢他们，爸爸帮助艳艳把小鱼儿放在玻璃缸里。有一天，看着自由自在游泳的小鱼儿，艳艳突发奇想，就用小手把金鱼从浴缸里捞了出来，丢在地板上。她想看看金鱼会怎样，看到小金鱼在不停地甩动尾巴，艳艳觉得很好玩。

"艳艳，你怎么能这样做！金鱼会干死的，快把它们放回去，你不可以这么残忍。"看到这一情景的妈妈大声呵斥着艳艳。但是，艳艳对于妈妈的呵斥无动于衷，好像没听到似的。这时，爸爸走了过来说："艳艳，如果你口渴时候，爸爸不给你水喝，你会怎样呢？"

"爸爸，我会很难受很难受的。"艳艳曾经有过口渴难耐的经历，所以她不假思索地回答。

"对呀宝贝，如果没水喝真的很难受呢，你想想，小金鱼被你从水里抓出来丢到地上，那么它们是不是也没水喝了呢？你说它们难不难受啊？而且，你要明白。金鱼是水生动物，它们比我们人类更需要水，一旦离开水，它们很快就会死的。你看它们拼命地甩动尾巴，是因为它们太渴了，太难受了。"爸爸悉心地开导艳艳。

艳艳突然不作声了。沉思了片刻，艳艳对爸爸说："爸爸，我知道错了，我以后再不把小金鱼丢到地上玩了。"

面对艳艳犯的错误，她的妈妈只是一味责骂，这样艳艳无动于衷，而爸爸的循循善诱，却能引导艳艳进行自我反省，并能认识到自己的错误，保证以后不会那样做了，这个教育效果就比较成功。

所以，当孩子犯错时，父亲不可一味地斥责，这样很容易引起孩子的反感，有时甚至会激发孩子的逆反心理。父亲可以先冷静下来，从侧面给孩子讲道理，促使他们进行自我反省，认识到自己的过失行为，帮助他们形成正确的是非观。

每个孩子都有强烈的自尊心，父亲的责骂很可能会严重伤害孩子的自尊心，这并不能帮助孩子改正自己的错误。如果父亲能够宽容地对待孩子的错误，孩子会感谢父亲的理解，并对自己自觉地进行反省，从而达到培养他们自我反省的效果。

通过对比正负面的道德情感让孩子自我反省

羞愧和内疚是一种负面的道德情感。当孩子认为自己的错误行为对社会或他人造成了一定的困扰时，他们会感到羞愧和内疚。这种负面道德情感的体验会让孩子们深刻地体会到自己的错误，促进他们的自我反省。这种教育效果远比父亲直接的正面教育有效得多。

父亲可以尝试在日常生活中经常给孩子灌述一些诚信、热心、善良、勇敢等正面道德情感的故事，让孩子在故事中体会正面情感带来的心理感受，同时让孩子体会羞愧、内疚等负面道德情感，这些负面情感更能够在孩子的心里留下深刻的印象，这会促使他们不断地自我反省，慢慢地明白什么是好坏和美丑，从而从本质上改正自己的错误。

教育孩子犯错误要勇于承担后果

很多父亲由于疼爱孩子。常常为他们承担做错事的后果，这很容易让孩子形成原来做错事也没关系，反正有父亲在帮助自己这样错误的心理。父亲的这种做法，会间接让孩子漠视责任心，不利于培养孩子自我反省的能力，以后同样的错误，还会再犯。所以，父亲必须让孩子学会自己承担犯错的后果，这样才会进行下一步的自我反省。

老师来到飞飞家里进行家访，因为老师最近发现飞飞上课的时候，总是爱睡觉，总是无精打采的，老师想来看看：飞飞的家里是不是发生了什么事情。飞飞的爸爸听后立即意识到原因：飞飞晚上玩游戏玩到很晚才睡觉，所以才出现上课睡懒觉，无精打采的状况。

飞飞的爸爸向老师说明情况后，道了歉，然后将老师送走。关上门后，爸爸没有立即大声地批评飞飞，而是将他的电脑从卧室中搬走，并平静地告诉他减少这个月的零花钱以作为惩罚。飞飞虽然感到很不高兴，但是他也知道，这是自己造成的错误，所以心甘情愿地接受了爸爸的惩罚，并向爸爸保证：以后再也不会发生这样的现象了。

故事中的父亲让飞飞懂得了：如果是自己犯的错误，就该为自己的行为负责，从而让他从此引以为戒。可有些父亲，只会在孩子把别人的文具弄坏后，为犯错的孩子掏钱赔偿，类似这样的做法只会让孩子越来越没有责任感。

因此，父亲不要任何事都为孩子承担，当孩子做错事情，一定要先鼓励孩子认真分析错误，同时敢于承担后果。在这个过程中，父亲可以允许孩子为自己进行辩解。当然，这并不是说让孩子推卸责任，而是孩子在辩解的过程中，父亲可以了解到事情的真相，而且还锻炼了他们的自我反省能力。

当孩子学会总结经验教训的时候，也就是孩子养成自我反省好习惯的时候。孩子在自我反省的过程中可以学会把结果和过程结合在一起，当下次遇到同样的事情时，他就会先考虑清楚，然后再行动。同时他们能够自己判断出事情的结果会是怎样的。如果最后事情的结果与自己的预想出现了偏差，他们就会再次进行反思，从而根据实际情况来调整自己的行为方式。

真正的男子汉从来不找借口

每一个借口的背后都隐藏着逃避责任、不信守承诺的潜台词，因为不好意思，因为怕担责任。但是，有时候借口的代价是非常巨大的，它很有可能会阻碍一个人将来的成功。

在日常生活中，借口几乎随处可见。当孩子不小心撞到柜子了，哭了起来，一些父亲赶快上前抱着孩子安慰，并不时地拍打柜子，埋怨它怎么碰着孩子了，孩子看到这个场景不由破涕为笑；一些父亲曾对孩子许诺，如果成绩达到一定的标准后，就奖励孩子一块儿出去旅游，但是，孩子通过努力做到了，父亲却怕破费，于是找借口说工作忙走不开，以后再补；孩子没考好，怕父亲责骂，就借口说，这次的题太难，大家都没考好。

在父亲眼中，孩子为了推卸责任，总会找出一大堆借口和理由。这好像就是孩子的天性一样。每当父亲听到孩子推卸责任的话就会生气地说："你怎么可以这样没责任心啊？还要继续为自己的错误找借口吗？"或者"怎么总是拿别人当挡箭牌啊？"

换句话说，父亲是在问孩子："犯了错误，还拒不承认。"一般爱找借口的孩子不外乎两种：一种是怕受到父亲的惩罚和责骂而找借口；另一种则是找借口来维护他小小的自尊心。

孩子们在很小的时候，自尊心就很强。他们的自尊心一旦受到伤害，就会感到无比羞愧。如果孩子在犯错误时，找借口来维护自己的自尊心，父亲这时还不放过，那么孩子的内心会失去控制地去怨恨他的父亲，他们会想办法远离父亲，甚至好几天不和父亲说话。

当孩子犯了错再找借口时，父亲不要说一些"再不说，小心揍你啊！""你这孩子怎么这么不听话"等之类的话，这样只会起到反作用。

其实，孩子为了逃脱惩罚而找借口的时候，心里本来已经很紧张害怕了，这时，父亲应平静地安慰道："孩子，没事的，只要不是故意的就好，下次记得要小心就行了。"

当孩子听到这样安慰的话时，就会认为自尊心受到了保护，安下心来，这样就完全没必要再去找借口。下次如果再有类似的情况发生时，孩子就会勇于承认错误，并主动承担责任了。

每个孩子都会因为犯错误而找这样那样的借口，问题的关键是，父亲如何对待。

一天，吃完饭后，爸爸让壮壮帮忙把碗筷送到厨房里，壮壮极不情愿地走过来捧住几个空盘子就走，可能是由于心不在焉，盘子从壮壮手中掉了下去，全都打碎了。爸爸闻声赶忙跑过来，本以为爸爸会安慰他的，却没想到爸爸没有说话。

看着爸爸，壮壮支支吾吾地说："爸爸，这个盘子又滑又重的，是它们自己从我手里滑下去才摔破了。"

看到壮壮这个样子，爸爸冷静地对壮壮说："壮壮，做错了事情就要知错就改，要主动承担责任而不是像你这样去找借口！"

壮壮听到爸爸的这番话后,"哇"的一声哭了起来,一边哭一边争辩:"呜呜呜,就是,就是盘子太滑了自己滑出去摔碎的,不关我的事……"

故事中的壮壮本以为会得到爸爸的安慰,但却得来了一顿指责,于是他继续狡辩,继续犯错误。如果爸爸安慰他的话,那壮壮再遇到这样的情况,还是会继续找借口,继续犯错,恶性循环下去。所以说,爸爸们不要去惯孩子,要实事求是,并告诉孩子错在哪里了。当然了,在面对孩子犯错的时候,爸爸们要注意的是孩子的自尊心,然后再晓之以理动之以情地去教育孩子,这种方法所起到的效果一定比直接责骂要好得多。

其实,孩子找借口的行为有一部分跟父亲有关系。在日常生活中,孩子会目睹父亲为自己的错误如何找借口,明明是父亲自己犯的错,却硬是推脱责任。久而久之,孩子也学会了父亲这套,找借口成了习惯。而孩子一旦习惯了找借口,那么无论他做错什么事,首先想到的就是如何把责任推脱掉,而不去从自身找原因,因此就吸取不了教训,下次还会再犯同样的错误,难以进步。父亲一定要注意自己的行为。

为了让孩子学会承担,摈弃找借口。父亲可以从以下几方面来引导孩子:

父亲要以身作则

父亲一定要以身作则,给孩子树立不找借口的榜样,用实际行动告诉他们:说过的话就一定要算数,许给孩子的诺言一定要兑现。如果父亲多次以各种理由无法兑现对孩子的承诺，渐渐地孩子就会失去对父亲的信任了，同时还可能学会和父亲一样找借口。

多找自身原因

很多父亲，当孩子碰到桌角后会用埋怨桌子的话来安慰孩子不哭。其实这种找借口的行为会潜移默化地影响孩子对自己行为的判断。因此，父亲应该告诉孩子从自身找原因，让孩子吸取教训，而不是找借口。

讲述找借口的危害

如果发现孩子犯了错误就找借口推卸责任，或是遇到困难就退缩，以此来找借口为自己开脱，那么父亲要及时揭穿孩子的借口，并告诉孩子找借口的种种危害。让他们努力学着承担责任，遇到困难时要迎难而上，从错误中吸取教训，知错就改，这样才能成长为负责、上进的好孩子。

及时表扬孩子在改掉不良行为中的进步

其实，无论孩子有什么样的不良习惯，一时半会儿都不可能全部改掉。在孩子改掉不良行为的过程中，父亲应该及时关注孩子的提高并口头表扬，这样才能提高孩子的积极性，帮助他们继续改正，最终彻底根除孩子的坏习惯。

帮孩子扔掉自卑的"包袱"

在家庭或者学校中,总有一些胆小、内向的孩子,他们不敢在课堂上大声发言;被欺负了不敢告诉别人;有什么意见憋在心里,在没人的角落哭泣;受到挫折了,就会"痛不欲生"……可以说,在他们心里或多或少都会存在自卑的心理。

那么这些孩子是如何形成自卑的,自卑的征兆又有哪些呢?下面,我们罗列出几点,父亲要对照一下,看看孩子有没有自卑的表现。

语言表达较差

教育专家经过调查研究表示:有80%以上的自卑孩子的语言表达能力较差一点。他们或表现为口吃,表述不连贯,表达时缺少情感或者是词汇量少等。教育专家们认为,这是孩子们过于自卑的情绪影响了大脑中负责语言学习系统的正常运作。

承受力较差

在日常生活中,自卑孩子的承受能力较低,他们不能像正常的孩子那样承受挫折、疾病等压力。当自卑的孩子遭遇到一点点挫折的时候,他们都会"痛不欲生"或出现逃避的行为。

情绪低落

在大多数时候,自卑孩子的情绪是低落的。没有任何原因的失落、郁郁寡欢，这或许就是自卑心理促使的。

过度怕羞

自卑的孩子大多是害羞的，有的时候不敢面对小朋友唱歌，不愿意抛头露面，甚至不敢接触生人等，而这种表现也是出于强烈的自卑情绪。

总是疑神疑鬼

有自卑心理的孩子非常在意他人的评价，并且十分敏感。别人无意识的一句批评，都会让自卑孩子难以接受，甚至耿耿于怀。如此下去的话，就会让他们发展到"疑神疑鬼"的地步，甚至怀疑他人或责怪自己。

过分追求表扬

有自卑心理的孩子总是觉"低人一等"，但是他们又渴望得到别人的表扬。为了得到别人的夸赞，他们甚至会采用不诚实、不适当的方式来表现自己，比如弄虚作假、考试作弊等。

拒绝交朋友

一般来说，正常的孩子都喜欢与同龄人交往，并把友谊看得非常重要。但是有自卑心理的孩子恰恰相反，他们不仅没有兴趣交朋友，还会觉得陌生的人会伤害到自己。

无法集中注意力

具有自卑心理的孩子无论是在学习中，还是做游戏中，都会无法集中注意力，或只能短时间地集中注意力。

贬低、妒忌他人

有自卑心理的孩子会出现贬低或妒忌他人，比如：别人有了新的玩具，但自己却没有；当老师表扬了同桌，却没有表扬自己……

心理学家认为，这是他们为减轻自己的自卑情绪，从而产生的一种宣泄方式。虽然这个方式并没有什么效果，但他们愿意这样抚慰自己。

自暴自弃

具有自卑心理的孩子往往会表现出一种自暴自弃、不求上进的态度。在他们心里认为：反正自己不行，努力也是白搭！还有一些自卑比较严重的孩子，会出现自虐行为，故意让自己处在险境或困境之中。如果父母指责和批评他们的做法，他们就会以"反正我已经这样了"的态度来为自己辩解。

回避竞争、竞赛

虽然有的自卑孩子非常渴望自己能够成为别人眼中的焦点，想要在考试或体育活动中取得不错的名次。但由于对自己缺乏必要的自信心，从而认为自己绝不可能获胜。也因此，绝大多数有自卑心理的孩子总会回避参与任何竞赛。他们可能会在别人的鼓励下勉强报名参赛，但却会在关键时刻临阵逃脱，甘当"逃兵"。

虚荣心在作怪

随着生活水平的提高，不光大人们追求生活的品质和品位，就连孩子们也效仿起来，追求生活的品质了。当发现自己的生活品质不如别人的高，那孩子就会产生自卑心理，觉得自己不如别人。

有这样的一个故事：

苗苗今年上5年级了，不光学习成绩好，性格也很好。在学校里，苗苗深得大家的喜爱。可是随着年龄的增长，苗苗的心理发生了一点小小的变化。

到了6年级的时候，苗苗就提出不再让父母亲接送了。有一天，爸爸提早下班了，正好上班的地方离学校也比较近，便决定到学校门口去接女儿。

很快，放学的铃声响起来了。只见苗苗和几个同学有说有笑地从学校里走出来。可当爸爸朝苗苗微笑着招收的时候，苗苗装作没看见一样扭过了头。

几个同学挥手再见后，苗苗便嘟着个嘴往家走。爸爸跟她说话，她也不理。叫她坐上电动车，她也不坐。就这样，父女俩一前一后地往家走了。

一回到家，苗苗便大声嚷嚷，质问爸爸为什么要到学校来接她。经过苗苗的哭诉，爸爸才明白了苗苗是嫌自己丢脸，人家的爸爸都是开着车去接送，而自己却骑着一辆电动车；人家的爸爸穿的是西装革履，老板范儿，而自己却穿着一身工作服……

为此，爸爸又震惊又伤心，不知道如何面对苗苗的虚荣心和自卑心。

实际上，像苗苗的这种情况是现如今一个非常普遍的现象。随着物质生活越来越丰富，孩子们很容易形成不当的认知和价值观，比如攀比等。在这种环境的影响下，出身于一般家庭的孩子就会产生自卑心理。他们会不敢或羞于谈论自己的家庭；与朋友的相处中会缺乏自信；对父母产生一种抱怨的情绪，如"为什么我会出生在这样的家庭，而不是出生在富贵家庭"等。

对于这种情况，父亲一定要正确地引导和监督孩子，让他们将注意力放在学习上。通过好的学习成绩或其他方面来增强自信。

父亲还应该让孩子知道：真正的自信要靠自己的努力建立。除此之外，父亲还应该用更多的陪伴、鼓励和爱让孩子感受家庭的温暖，从而让孩子信任父亲，和父亲做真正的朋友。必要的时候，父亲可以让孩子体会到自己工作的努力和艰辛，最终纠正孩子的攀比和虚荣心理，驱除其自卑的情绪，帮助孩子建立正确的人生观和价值观。

关于如何帮助孩子摆脱自卑心理，心理学家给父亲提出了几条建议：

从改变自身形象开始

心理自卑的孩子，说话总是吞吞吐吐的，走起路来也不是抬头挺胸的。父亲可以从孩子说话的音量、走路的姿势入手，从而改变他们的心态；父亲还应当帮助孩子改变形象，比如：穿整洁大方的服装，讲话爽快，走路昂首阔步等，以此来增强自信心。

用积极的语言暗示孩子

在日常生活中,父亲可以用积极向上的语言鼓励孩子,并有意识地对孩子说"你很聪明、你很棒、你一定行"等,以此来增强孩子的自信心。

预演困难

拥有自卑心理的孩子一旦遇到困难,总会下意识地退缩。父亲可以帮助孩子预演困难,比如给他设置一个小小的困难,并让他想想解决困难的情节。这种预演法,会一点点地帮助孩子克服自卑恐惧的心理。

每当孩子有进步的时候,父亲都要把这一刻记录下来,一边鼓励孩子,一边让孩子为自己加油打气和重温成功的心情。

发挥长处

在帮助孩子们消除自卑心理的时候,父亲要善于发现他们的长处和优势。这样孩子才能因为被重视而倍感幸福,从而达到心理平衡。

降低追求

在帮助具有自卑心理的孩子时,父亲要降低一些要求,不要用对正常孩子的要求来要求自卑孩子。在消除自卑心理时,父亲可以把大的目标分解成若干个小目标,做到每一学期、每一个月、甚至每一个星期都有目标和成就的记录。

帮助孩子克服坏习惯

在家庭教育中，有很多孩子都有着很多的不良习惯，他们把这种习惯带到学校、社会，影响着他人。

因此，父亲一定要帮助孩子克服身上的那些坏习惯。不过，在帮助孩子克服坏习惯之前，我们先要了解一下孩子养成坏习惯的原因，只有这样才能够对症下药。那么，孩子的坏习惯是怎么形成的呢？

孩子的坏习惯是受家庭小环境与社会大环境共同影响而形成的。那么父亲应该如何帮助孩子改变不良习惯呢？

鼓励孩子改正不良习惯

在生活中，对于孩子的一些不良习惯，很多父亲都会采取一味批评的态度。实际上，这种做法是最不好的做法！一味地批评只会助长孩子的叛逆心理。如果换一个角度，采取宽容和鼓励的方式，那么孩子就不会出现抵抗的心理。

在帮助孩子改正不良习惯的同时，父亲看到孩子取得了一点的进步，即使进步是微不足道的，也不要吝啬赞美之声。要知道，父亲的一个赞许的微笑、一个会意的眼神，都会让孩子受到莫大的鼓舞。

善于抓住时机

事实上，很多孩子的不良习惯是一种无意识的行为，并不知

238

道自己的习惯是一种不好的，对别人会有不良影响的行为。父亲就要善于观察孩子的行为了。一旦发现孩子的不良行为时，父亲应给予及时纠正，让孩子还没有养成坏习惯时，就把坏习惯的苗头掐掉。比如：当发现孩子躺在床上看书的时候，父亲就应该告诉他躺着看书对眼睛造成的危害；当发现孩子不洗手就吃东西的时候，父亲就应该及时给他讲解"病从口入"的道理，并督促和监督他洗手；当发现孩子生气摔玩具的时候，父亲就应该告诉他"玩具会很疼的""你这样对玩具，玩具会不喜欢你的"……

发挥榜样的作用

俗话说得好，榜样的力量是无穷的。对于那些"屡教不改"的孩子，父亲的一味批评和叨唠已经没有任何作用了。父亲不妨为孩子们树立起一个榜样来，让孩子一点点地学习，并改正自己的不良习惯。

对孩子的要求要适当

要想纠正孩子已经养成的不良习惯，父亲一定要制订好计划，要结合孩子自身的素质，进行引导和改正，而不是抱过高的希望。在帮助孩子改正的时候，一定要有耐心，不要指望孩子在很短的时间内，就将所有的坏习惯都改过来。有的孩子改正后，会一不小心又拾起之前的不良习惯，父亲要明白这也是非常正常的行为，并且要有一颗宽容和理解的心，不能操之过急，更不能紧盯着孩子的缺点。

给孩子改正的机会

在帮助孩子改正不良习惯的时候,父亲会对孩子有一些"成见",认为孩子"不可教也"。实际上,父亲的这种态度只会严重地伤害孩子的自尊心,并且深化孩子养成不良习惯的动机。

这样的话,孩子的不良习惯得不到改正,还会影响其他方面的发展和成长。因此,不管在什么时候,孩子做了哪些不好的行为,父亲都要给孩子改正的机会,不要让孩子"破罐破摔",有失落的情绪。

善用小故事

在年幼的时候,孩子的自我认识能力还没有完善,父亲给予他的批评教育,并不能立即让孩子明白什么是对的、什么是错的。父亲不妨通过给孩子讲故事、念儿歌等形式,让孩子意识到自己身上的缺点,从而产生改正的念头和做法。

此外,父亲要明白孩子改正不良习惯,是一件不容易的事情,因此要给予孩子一定的鼓励,从而取得更好的效果。

适当转移孩子的注意力

父亲可以根据孩子的特点和喜好,适时转移他的注意力,让其忘掉刚才的不良行为;父亲还可以在家里比较显眼的地方,贴上简单明了的提示图画,每时每刻地提醒孩子改正坏习惯。在这种环境和氛围的熏陶下,相信孩子会变得自觉一点。

总而言之,父亲纠正孩子的不良习惯,并不是一朝一夕就能完成的,而是需要父亲耐心地、坚持地配合。父亲也要监督和修正自己的不良习惯，以免影响到孩子。

大目标，从小事情做起

古语中有"合抱之木，生于毫末；百丈之台，起于垒土；千里之行，始于足下"的说法，我们可以看出"大"与"小"的关系。别看"大"和"小"是如此的简单，但其中也富含了许多富有哲理性的论述。比如：大事里面包含着许多小事，而许多小事集聚起来也就变成了大事。

以教育子女为例，在他们还小的时候，父母们就应该具有长远的目标和计划，在实现这些目标和计划上，就要从小处着手，不忽细微，从而培养出孩子的良好道德和高尚情操。

在关于如何从小事教育孩子的这方面，有着很多小故事，比如郑板桥和叶圣陶的故事。

"扬州八怪"郑板桥52岁才有了自己的孩子，感到十分激动和幸福。可能是得到个孩子不容易，他对孩子的要求很是严格。虽然他长期在外做官，但也会经常通过写家信来教子。

在心中，他要求孩子对邻里乡亲"无一不爱，无一不尊重"，"凡长者来家，寒冬要送上小火炉，以温暖手脚，夏日要捧上凉茶，以驱暑解渴"等细节教育。

除了郑板桥，著名教育家叶圣陶先生在教育孩子上也有着自己的独特方式。一次,他的大儿子把一支笔递给父亲,没想到却将笔尖递到父亲手里。见大儿子如此不注意细节,叶圣陶便严肃地批评大儿子说:"当你递一样东西给人家的时候,要想着人家接到手里方便不方便……不管是刀子还是剪子,不能拿刀口刀尖对着人家,如果把人家的手戳破了,怎么办?"此后,大儿子便养成这个好习惯,从来不把拥有利器的那一头递给别人。

还有一次,在冬天的时候,大儿子走出屋子没有把门关上。于是,他的不小心又惹来了叶圣陶的一顿批评。叶圣陶告诫他:开门关门都要想到屋里还有别人,要轻开轻关。

在后来,叶至诚在回忆父亲的时候写道:父亲教育我做好这些小事,是要我懂得,我是生活在人们中间的,在我以外,还有他人,要时时处处替他人着想,学会与人相处。

郑板桥和叶圣陶在教子方面,并没有什么高深的东西,他们只是从细小的方面来改变孩子的坏习惯,培养孩子的好习惯和好品德。但也正是这种平常,才体现出了教育家有远见卓识的高明。

没有一个人的活动是脱离群体,是脱离社会实践的。也因此,人的思想品德和行为习惯,都要顾及他人,而不是活在自己世界中。不管是普通人还是伟人,他们都是从大处着眼、小处着手的。这也就应了列宁先生曾经说过的一句话:不要把自己看成是一个光想做大事的空想家,而是要想着做一个善于把细节结合起来的,实事求是的实干家。

在日常生活中,有些父亲虽然在口头懂得"小"与"大"的

辩证关系，但在对孩子进行教育时，却又忽略了从小事抓起和点滴的养成教育。有的父亲急功近利，舍本求末，抓小放大；有的父亲知道某些东西对孩子有害，却不对孩子加以管教，还去纵容孩子学坏；还有的父亲故意把孩子"教坏"，比如，上小学的时候，就让孩子带手机；小小年纪，就给孩子灌输一些"非名牌不买"的思想；让孩子与"各种各样的人"做朋友，美其名曰"搞好人际关系"……

除此之外，有的父亲为了让孩子学习好，却忽略了培养道德品质；当孩子说了一句脏话，浪费了粮食，做了不文明的举动，有的父亲或视而不见，或见而不教；当孩子过于善良被别人欺负的时候，父亲就灌输"人若犯我我必犯人"的错误观念，让孩子变得自私自利……

事实上，父亲的这种教育方式不仅会给孩子心头添上了阴影，还会影响孩子的良好习惯和道德品质的养成。

当父亲有这种错误的行为时，一定要赶紧改正，反思一下自己的行为。父亲要从宏观方面把握孩子的成长方向，在微观方面从小事做起，抓好子女的教育和习惯养成，培养他们的好品德、好习惯。

俗话说得好"三岁看老，起小看大"。这句话强调的就是：要从小培育孩子的善心与善行。如果从小不注意培育孩子的孝顺之心，那么当孩子长大成人的时候，再纠正就很难了。因此，父亲在教育孩子方面，一定要在孩子还小的时候，就注重细节。在他们小的时候，父亲就要教孩子要讲究卫生；不能随便扔东西；不能随便骂人；不能说脏话；不能无理取闹……并且告诉孩子们为什么不能这么做。

等孩子长大以后，就会把那些坏习惯一一丢去。为了从各个方面来教育好一个孩子，父亲不仅要多加引导和监督，还应该教孩子学习做一些生活中的小事。

学习系鞋带

在日常生活中，父亲可以给孩子一双鞋子，让孩子去学习如何系鞋带。父亲要尽量选择一些颜色鲜艳的鞋带，让孩子更容易辨认。

首先拿两根鞋带，让孩子按照顺序将鞋带塞进鞋眼里，然后再打一个蝴蝶结，让鞋带好好地装饰鞋子。

学习游泳

在孩子上幼儿园和学前班的时候，可以送孩子去学游泳。当然了，学龄前的儿童最好能够游 15～20 米的距离。要知道，孩子的想象力是很丰富的！父亲可以让孩子尝试在水中找小鱼，这样可以克服孩子对水的恐惧；父亲可以和孩子在水中吹泡泡。

鼓励孩子学习新技巧

在孩子在学习新的东西时，父亲要学会鼓励孩子。比如："你这样做我真的觉得很自豪！""我知道这是很困难的，但你没有放弃真的很棒！""我真的很喜欢你这样做！"